Hans Eiber
ANGELWISSEN

Hans Eiber

ANGELWISSEN
AUF EINEN BLICK

Daten und Fakten
für Praxis und Prüfung

Die Deutsche Bibliothek –
CIP-Einheitsaufnahme

Ein Titeldatensatz für diese Publikation ist
bei Der Deutschen Bibliothek erhältlich

BLV Verlagsgesellschaft mbH
München Wien Zürich
80797 München

© 2002 BLV Verlagsgesellschaft mbH,
München

Das Werk einschließlich aller seiner Teile
ist urheberrechtlich geschützt. Jede Verwertung außerhalb der engen Grenzen
des Urheberrechtsgesetzes ist ohne Zu-
stimmung des Verlags unzulässig und
strafbar. Das gilt insbesondere für Verviel-
fältigungen, Übersetzungen, Mikroverfil-
mungen und die Einspeicherung und Ver-
arbeitung in elektronischen Systemen.

Umschlaggestaltung:
Studio Schübel, München

Umschlagfotos: H. Eiber, E. Pott
Rückseite: E. Pott

Lektorat: Gerhard Seilmeier
Herstellung: Peter Rudolph

Layout: Walter Werbegrafik, Gundelfingen
DTP: DTP-Design Walter, Gundelfingen
Reproduktionen: Repro Ludwig,
A-Zell am See
Druck: J. P. Himmer, Augsburg
Bindung: Ludwig Auer

Gedruckt auf chlorfrei gebleichtem Papier

Printed in Germany ·ISBN 3-405-16178-9

Bildnachweis:
S. 41 oben: P. J. Nally
S. 51 Hanns Wurm
S. 91 oben: Anton Baumann
S. 166: Christian Kemmer
alle übrigen Fotos und Illustrationen
stammen vom Autor

Der Autor bedankt sich bei:
Herrn Dr. Hans-Bernd Schmeller, Fach-
beratung für Fischerei, Bezirk Oberpfalz
(Beratung Fischkrankheiten)

Herrn Rudi Rubel, Kretschmer & Rubel, In-
dustriewerbung GmbH, 93073 Neutraub-
ling für die Bereitstellung der Fischtafeln.

Herrn Dipl. Ing (FH) Anton Baumann,
Wasserwirtschaftsamt Amberg (Beratung
wasserbauliche Maßnahmen)

Herrn Günter Fenzel, Birgländer Angelladen,
Poppberg, 92262 Birgland

Herrn Michael Schlögl, Mosella Angelköder
GmbH, (Hinweise und Tipps bzgl. Feeder-,
Match- und Stippangeln.)

Verwendete und weiterführende Literatur
Arbeitsbuch Fischerprüfung; M. Hammer,
E. Heddergott, M.Möhlenkamp,
Landwirtschaftsverlag Münster-Hiltrup.
Das große Fischlexikon (Fisch und Fang,
Paul Parey Zeitschriftenverlag).
Das ist Fliegenfischen; Hans Eiber, BLV
Verlagsgesellschaft mbH, München, 2000.
Das neue Praxis Handbuch Angeln;
John Bailey, BLV Verlagsgesellschaft mbH,
München, 1999.
Die Fischerprüfung; Eugen Ulmer GmbH
& Co., Stuttgart, 1999.
Fische; Harald Gebhardt/Andreas Ness, BLV
Verlagsgesellschaft mbH, München, 1998.
Fischerprüfung leicht gemacht; Alexander
Kölbing, BLV Verlagsgesellschaft mbH,
München, 1999.
Handbuch für den Angelfischer; Edmund
Rehbronn, Ehrenwirth Verlag GmbH,
München, 1999.
Lebendige Bäche und Flüsse; Bent Lauge
Madsen & Ludwig Trent, Herausgeber Ed-
mund-Wiemers Stiftung, Hamburg, 2000.
Meeresfische der Ostsee...; Muus, Bent J.,
BLV Verlagsgesellschaft mbH, München,
1991.
Modernes Stippangeln; Wolf-Bernd Wiemer,
Müller Rüschlikon Verlags AG, Cham, 2000.
Süsswasserfische Europas; Muus, Bent J.,
BLV Verlagsgesellschaft mbH, München,
1993.
Tiere in Bach, Fluss, Tümpel, See; Herbert
W. Ludwig, BLV Verlagsgesellschaft mbH,
München, 1993.

Inhalt **5**

Vorwort 7

Gewässerkunde

Wissenswertes über das Wasser . . . 8
Lebensräume der Fische 12
Gewässergüte 16
Wasserpflanzen 19

Fischkunde

Allgemeines 22
Eingebürgerte Fischarten 54
Kurzbeschreibung
wichtiger Fischarten 57
Unterscheidung von drei
Standortformen der in Europa
heimischen Forelle 64
Maränen, Felchen und Renken 64
Lebenszyklus des atlantischen
Lachses 65
Lebenszyklus des Aals 67
Unterscheidungsmerkmale
wichtiger Fischarten 68
Seltene, stark gefährdete,
teilweise verschwundene
Fischarten und ihr Lebensraum 73
Warum schließen sich Fische
in Schwärmen zusammen? 73
Zuchtformen des Karpfens 74
Krebse 75
Muscheln 76
Wichtige Fischnahrung 77

Umweltgefahren für Fische

Maximale Wassertemperatur 80
Chemische Verbindungen 80
Gefahr durch Abwässer,
Einleitungen 81

Fischkrankheiten

Erkennbare allgemeine
Krankheitssymptome 82
Viruskrankheiten 83
Bakterienkrankheiten 84

Pilzkrankheiten 85
Parasiten 85
Fischsterben 88

Fischhege

Zustand eines Fließgewässers 89
Warum sollen Fließgewässer
»durchgängig« sein ? 91
Ökologische Anlage eines
Baggersees 92
Besatzmaßnahmen 93
Wann wird ein Elektrofischen
durchgeführt? 95

Fauna und Flora am Wasser

Säugetiere 97
Vögel 99
Amphibien 100
Reptilien 102
Auwald 103

Angelgeräte

Die Rute 106
Welche Rute für welchen Zweck? . . 107
Angelrollen 109
Die Stationärrolle 109
Die Multirolle 111
Stationär- und Multirolle
im Vergleich 112
Die Kapselrolle 112
Die Centrepin-Rolle 112
Die Fliegenrolle 113
Die Angelschnur 115
Verschiedene Schnurarten 115
Was ist eine Schlagschnur? 117
Angelhaken 119
Beispiele für
Gerätezusammenstellungen 121

Angelmethoden - Friedfische

Lock- und Grundfutter 124
Welche Art von Futter wird
ausgebracht? 124

6 Inhalt

Methoden der Ausbringung 125
Welche Köder mögen
Friedfische besonders gerne? 127
Ködermontagen für Friedfische . . . 131
Leichtes Posenfischen auf
Friedfische 132
Spezialfall: Stippfischen 137
Angeln mit schwimmenden
Naturködern 138
Mit dem Grundblei 140
Mit dem Futterkorb 143
Bisserkennung beim
Grundangeln 144
Die Länge des Vorfachs 146

Angelmethoden - Raubfische

Angeln mit Kunstködern 147
Auf Raubfische mit Naturködern . . 152
Schleppfischen 155
Fliegenfischen 157

Spezial-Angelmethoden

Aalpöddern 166
Eisangeln 166
Angeln mit der Hegene 167
Spirolino 169

Fangsaisaon und Standplätze

Standplätze und Köder
für wichtige Fischarten 175
Drillen und Landen 179
Waidgerechtes Töten 182

Angeln im Meer

Angelgeräte 184
Gebräuchliches Angelgerät
im Salzwasser rund um Europa 185
Pilkfischen 188
Wichtige Angelfische an
Europas Küsten 190
Rubby Dubby 195
Köder zum Meeresangeln 196

Knoten und Schnurverbindungen

Fischereirecht

Gegenstand des Fischereirechts . . . 201
Fischereibehörden 201
Erlaubnis zur Fischereiausübung . . . 201
Fischereiprüfung 203
Fischereischein 203
Jugendfischereischein 203
Einige rechtliche Grundsätze zur
Fischereiausübung 204
Schonzeiten und Mindestmaße . . . 205
Allgemeine die Fischerei
betreffende Vorschriften
und Gesetze 205
Was ist … 206
Schutz des Fischereirechts 207
Fischereiaufseher 208
Verbote und Einschränkungen
der Fischerei 208 . . . .

Anhang

Regionale Bezeichnungen
von Fischen 210
Ausländische Bezeichnungen
wichtiger Fischarten 212
Internationale Maßeinheiten 214
Die wichtigsten Fachbegriffe 216
Sachwortverzeichnis 220

Zum Verständnis

Ein weiteres Lehrbuch für Prüfung und Praxis beim Angeln? So mancher wird sich da fragen: Gibt es denn nicht schon genug davon? Nun, vielleicht nicht in so konzentrierter und handlicher Form. Dieses Buch, das sich bequem einstecken lässt, ist eine komprimierte, bunte Sammlung interessanter Fakten, Hinweise und Wissensinhalte. Sicherlich kein vollständiger Ersatz für weiteres notwendiges Lehrmaterial, aber eine wertvolle Hilfe als rascher Ratgeber und vielfältiges Nachschlagewerk. Der Schwerpunkt liegt auf dem Gesamtüberblick, der schnellen Zugriff vor allem auch auf prüfungsrelevante Sachverhalte geben soll. Gewiss nicht bis ins letzte »ausgefeilt«. Trotzdem ergibt sich ein rundes Bild dieser faszinierenden Freizeitbeschäftigung, denn es wurden Informationen aus einer Vielzahl an Quellen verarbeitet und übersichtlich in Tabellen, Merksätzen, Grafiken sowie stichwortartige Texte zusammengefasst. Ich danke in diesem Zusammenhang allen herzlich, die mich durch Ihre Zuarbeit dabei unterstützt haben und dieses kleine Buch dadurch erst möglich gemacht haben.

Eingebracht wurde Wissenswertes über das Wasser und die Gewässer selbst, die für die Fischerprüfung äußerst wichtige Fischkunde, aber auch entscheidende Elemente für die Praxis am Angelgewässer.

Wichtige Grundzüge der ökologischen Betrachtung fehlen nicht, denn als Angler dürfen wir heute nicht nur das Bild eines »Naturnutzers« vermitteln, sondern müssen vermehrt Verantwortung für den Erhalt unserer Fischgewässer und deren Umfeld übernehmen. Nur so lässt sich diese Freizeitbeschäftigung vor einer immer kritischer eingestellten Gesellschaft nachhaltig verantworten.

Des weiteren sind die bei uns wesentlichen klassischen und modernen Angelmethoden und ihre Anwendung in einem praxisnahen Überblick dargestellt. Auch wer sich als Einsteiger das eine oder andere Gerät zulegen möchte, kann wertvolle Grundhinweise finden und damit einen möglicherweise teuren Fehlkauf vermeiden. Das immer beliebter werdende Meeresfischen in den nördlichen Meeren rund um Europa wird in Kernpunkten erläutert. Was das wichtige Fischereirecht betrifft, werden nur wesentliche, bundesweit gültige Rahmenpunkte erwähnt. Auf die Schonzeiten oder Mindestmaße der Fische in den einzelnen Bundesländer konnte aus Platzgründen nicht eingegangen werden.

Der Anhang beinhaltet Fachbegriffe von Spezialausdrücken und -bezeichnungen. Auch beim Angeln kommen heute viele Begriffe aus dem Englischen und sind so manchem, der sich nicht genauer mit der jeweiligen Spezialmethode beschäftigt, nicht unbedingt geläufig.

Ich wünsche allen Lesern viel Spaß und »Petri Heil« am Fischwasser.

Hans Eiber

Gewässerkunde

Wissenswertes über das Wasser

Wasser ist der Grundstoff des Lebens und hat die chemische Formel: H_2O.

Reines Wasser…
…ist geruch- und geschmacklos,
…besitzt den pH-Wert 7

Merke

Reines Wasser kommt in der Natur nicht vor. Es sind immer irgendwelche Salze und Nährstoffe darin gelöst.

Die Wasserverteilung auf der Erde

Rund 70 % der Erdoberfläche sind von Wasser bedeckt. Davon befinden sich 97 % in den Meeren und 3 % im Süßwasser.

Physikalische Eigenschaften von Wasser

Bei 0 °Celsius entsteht	→ Eis
Bei 100 °Celsius entsteht	→ Wasserdampf
Bei 4 °Celsius	→ besitzt Wasser die größte Dichte und das höchste Gewicht*

* Ein Liter Wasser = 1 kg = 1 dm³.
Wärmeres und kälteres Wasser ist leichter. 1 dm³ Eis = 916,8 g (schwimmt auf dem Wasser).

Was geschieht bei steigender/sinkender Wassertemperatur?

Steigend:
- Chemische und biochemische Reaktionen werden beschleunigt.
- Stoffwechsel von Tieren, Pflanzen, Bakterien verläuft rascher.
- Sauerstoffgehalt sinkt.
- Erträgliche Höchsttemperatur je nach Fischart verschieden.

Sinkend:
- Reaktionen verlangsamen sich. Bei 0 °C meist Stillstand.
- Selbstreinigungskraft der Gewässer nimmt ab.
- Die Fische sterben am Gefrierpunkt.

Gewässerkunde

Im Wildwasser ist die Sauerstoffaufnahme aus der Luft am größten.

Wasser und Sauerstoff

Der meiste Sauerstoff kommt aus der Luft ins Wasser
In schnellfließenden kühlen Bächen ist der Sauerstoffgehalt noch sehr hoch. Im turbulenten, rauen Wildwasser wird der meiste Sauerstoff eingemischt.

Die Löslichkeit von Sauerstoff (Sauerstoffsättigung) ist von der Wassertemperatur abhängig

Temp °C	gelöster Sauerstoff (mg/l)	Temp °C	gelöster Sauerstoff (mg/l)
0	→ 14,6	20	→ 9,1
5	→ 12,8	25	→ 8,3
10	→ 11,3	30	→ 7,6
15	→ 10,1		

Wann kommt es zum Sauerstoffschwund bzw. -überschuss?
Bei Algenblüte in stehenden Gewässern kommt es am Tag zu Sauerstoffüberschuss.
Bei plötzlichem Druckabfall in der Atmosphäre (Wind, Unwetter) tritt überschüssiges Gas (Sauerstoff, Stickstoff) aus dem Wasser aus. Bei Fischen kommt es dann zur Gasblasenkrankheit.
Bei Algenblüte tritt die höchste Sauerstoffkonzentration am Spätnachmittag auf.
Nachts verbrauchen die Pflanzen und Algen Sauerstoff. Gegen Morgen vor Tagesanbruch sinkt der Sauerstoffgehalt auf ein Minimum.

10 Gewässerkunde

Abgestorbene Pflanzen werden durch Bakterien zersetzt, die dabei Sauerstoff verbrauchen. In fließendem Wasser ist dies weniger ein Problem, da der Sauerstoff dauernd ersetzt wird. In ste-henden Gewässer kann der Sauerstoff bei hohen Zersetzungsprozessen unterhalb der

> **Sauerstoffgehalt Untergrenze:**
> Salmoniden: ca. 7 mg/l
> Cypriniden: ca. 3 mg/l

Sprungschicht verschwinden. Hier gibt es keine Tiere und Pflanzen mehr, sondern nur noch Bakterien. Erst bei Vollzirkulation im Herbst dringt wieder sauerstoffreiches Wasser in die Tiefenzone vor.

Merke

> An Sauerstoffmangel eingegangene Fische erkennt man an abstehenden Kiemendeckeln.

Was versteht man unter der Härte des Wassers?

Calcium (Ca) und Magnesium (Mg) ist im Wasser hauptsächlich an Kohlensäure (H_2CO_3) und nur sehr wenig an an andere Säuren gebunden. Die sogenannte Gesamthärte des Wassers setzt sich aus allen Calcium- und Magnesiumverbin-dungen zusammen.

Härtegrad (°dH)	
0– 4	weich
4– 8	sehr weich
8–18	mittelhart
18–30	hart
über 30	sehr hart

Der pH-Wert muss stimmen!

Maßstab für die saure oder alkalische (basische) Eigenschaft des Wassers. Der pH-Wert beschreibt das Verhältnis der freien Kohlensäure zum gelösten Kalk. Die Werte-skala reicht von 1 (sehr sauer) über 7 (neutral) bis 10 (alkalisch).

Günstig für Fische ist der Wert zwischen 6,5 bis 8,5. Über 9,2 und unter 5,5 kommt es zu Fischsterben.

Beispiele:

pH-Wert		Tödlicher Grenzwert für
4,5	sehr sauer	Forelle, Barsch, Hecht
4,7	sauer	Karpfen
7,0	neutral	ideal für die meisten Fischarten
9,5	alkalisch	Forelle, Barsch
10,5	stark alkalisch	Karpfen, Schleie, Hecht, Rotauge

Kalkarme Gewässer:
- meist schwach sauer (pH-Wert unter 7).
- pH-Werte können stark schwanken.
- Saurer Regen oder Schmelzwasser läßt den pH Wert weiter sinken (Gefahr für die Fische!).

Kalkreiche Gewässer:
- stabiler pH-Wert über 7.
- kann den Säureeintrag abpuffern.

Gewässerkunde 11

Wie versauern Gewässer?

Beim Verbrennen fossiler Stoffe (z. B. durch Industrie, Autoverkehr) entstehen Stickoxide und Schwefeldioxid (SO_2). Durch die Luftfeuchtigkeit bilden sich Säuren, die mit den Niederschlägen auf die Erde und in die Gewässer geraten.

Seit etwa 1970 verstärkter Abfall der pH-Werte durch den »sauren Regen«. Besonders betroffen sind kalkarme und damit ohnehin schwach saure Gebiete, wie Hochmoore, reine Fichtenbestände und Böden aus Urgestein wie z. B. Granit.

Was besagt das Säurebindungsvermögen (SBV)?

Das SBV ist Maßzahl für den Gehalt an Kalk, vor allem an doppeltkohlensauren Kalk ($CaHCO_3$) sowie Calciumcarbonat ($Ca(CO_3)_2$) und wird auch »Alkalinität« genannt. SBV drückt aus wieviel Säure das Wasser aufnehmen kann ohne selbst sauer zu werden. Es gibt einen Hinweis auf die Fruchtbarkeit eines Gewässers. SBV-Feststellung durch chemischen Test (verschiedene Prüfgeräte und Gewässeruntersuchungskästen sind auf dem Markt).

SBV < 0,5:	ertragsarm
SBV 0,5 – 1,5:	mäßig fruchtbar
SBV > 1,5:	fruchtbar
SBV > 3,5:	sehr fruchtbar
1,0 SBV = 2,8° dH (Carbonathärte)	

Wie kommt es zur Eutrophierung (Nährstoffeintrag)?

Der Eintrag von Stickstoff und Phosphor führt zur Nährstoffanreicherung (Eutrophierung). Grund sind häusliche und landwirtschaftliche (Düngung) Abwässer.

Die negativen Folgen:
– Vermehrter Krautwuchs, übermäßige Algenbildung ➡ geringere Sichttiefe, Anstieg des pH-Wertes, Ammonium wandelt sich in Ammoniak (Fischsterben).

Durch Eintrag von 1 kg Phosphor können sich bis zu 100 kg Algen entwickeln ➡ Bakterien vernichten beim Abbau der absterbenden Biomasse (Algen) 150 kg Sauerstoff.

Wie hängt Nahrungskette und Energiefluss zusammen?

In 1000 kg Algen leben 100 kg Zooplankton ➡ davon ernähren sich 10 kg Friedfische ➡ aus ihnen entsteht 1 kg Raubfische.

12 Gewässerkunde

Fließgewässer

Lebensräume der Fische

	Forellenregion	Äschenregion	Barbenregion	(Blei)-Brassenregion	Brackwasserregion
Charakter	Schnell fließende Quellbäche mit meist steinigem Grund und klarem Wasser. Im Gebirge bis 2000 m.	Breiteres Fließbett, höhere Wasserführung, sandig bis steiniger Boden. Immer noch relativ schnelle Strömung.	Langsamere, gleichmäßigere Strömung, überwiegend noch sandiger oder kiesiger Untergrund in Strömungsabschnitten.	Unterlauf der Flüsse, Ströme mit langsamer Fließgeschwindigkeit. Sandig-schlammiger Grund. Stets trübes Wasser.	Mündungsbereich ins Meer. Träge Strömung. Salz/Süßwassermischung.
Temperatur und Sauerstoff	Geringe Veränderungen, auch im Sommer meist Temperaturen unter 10°. Sehr gute Sauerstoffsättigung.	Wasser erwärmt sich leicht im Sommer bis etwa 15°, kühlt im Winter stark ab. Gute Sauerstoffversorgung.	Deutlicher Unterschied zwischen den Jahreszeiten. Sommer bis 20° möglich. Noch sauerstoffreiches Wasser.	Sehr stark zwischen Sommer (über 20° möglich) und Winter. In Bodennähe oft Sauerstoffmangel.	Erhebliche Temperaturunterschiede zwischen Sommer und Winter. Vor allem im Sommer teilweise geringer Sauerstoffgehalt.
Pflanzen	Brunnenkresse, Quellmoos.	Wasserpest, Wasserstern, Flutender Hahnenfuß u.a.	Vor allem im strömungsruhigeren Uferbereich mit weichem Boden.	In Bodennähe oft Sauerstoffmangel. Üppige Vegetation in ufernahen Flachbereichen.	Salzwasserliebende Arten z. B. Laugenblume. Maß der Vegetation ist auch von der Wassergüte abhängig.
Fischnährtiere	Stein-, Eintags-, Köcherfliegenlarven sowie Bachflohkrebse.	Wie in Forellenregion, zusätzlich Egel und Schnecken.	Egel, Schnecken, rote Zuckmückenlarven, roter Schlammröhrenwurm.	Egel, Schnecken, Asseln	Rote Zuckmückenlarven, Schlammröhrenwürmer.Teilweise Krabben, Garnelen, Wattwürmer etc.
Leitfisch	Bachforelle	Äsche	Barbe	Blei (Brassen)	Kaulbarsch, Flunder
Nebenfische	Bachsaibling, Mühlkoppe, Elritze, Schmerle.	Forellen, Huchen, Döbel, Nase, Hasel, Barbe, Schneider, (Hecht).	Nase, Rotauge, Hecht, Barsch, Aland, Döbel, Hasel, Wels, Aal u.a.	Zander, Hecht, Aal, Karpfen, Schleie, Rotauge, Rotfeder, Güster, Barsch, Wels.	Aal, Stint, Rotauge, Brachsen, Güster.

Übergänge zwischen den Regionen sind fließend. Einzelne Regionen können fehlen.

Gewässerkunde

An einem See ist auflandiger Wind zum Angeln sehr günstig.

Stillgewässer

	Nährstoffhaushalt	Beschreibung	Fischarten
Saiblings-, Forellenseen	Nährstoffärmere (oligotrophe) Seen der Gebirgsregion bis über 1500 m.	In der Regel tief, steil abfallende Ufer, klares Wasser bis zum Grund. Spärliche Vegetation nur im Uferbereich.	Seesaibling, Bach- und Seeforelle, Elritze, selten Koppe.
Felchen-, Maränenseen (z. B. Walchensee, Königssee)	Ebenfalls nährstoffärmere (oligo- bis mesotrophe) Seen bis 1000 m Seehöhe.	Kühles Wasser. Wenig Vegetation. Sauerstoffgehalt über Grund etwa 4 mg/l.	Felchen, Seeforelle, Seesaibling, Barsch, Hecht, Aalquappe.
Brachsenseen[1]	Nährstoffreiche (eutrophe) Seen.	Zeitweise sauerstoffarm, im Sommer teilweise geringe Sichttiefe (3 m). Sandig-schlammiger Grund. Reichlich Unter- und Überwasservegetation.	Hohe Fischerträge bis über 80 kg/ha, abhängig von der Ausdehnung der Uferzone. Renken, Weißfische, Karpfen, Schleien, Hecht, Wels, Aal, Zander.
Hecht-Zandersee	Kleinere, eutrophe Seen ohne Tiefenregion.	Flache Uferregion, reichlich Vegetation, »Laichwiesen«, Schilfgürtel.	Fischertrag bis 100 kg/ha. Weißfische, Karpfen, Hecht, Barsch, Aal, Zander. Kleinfischarten: Moderlieschen, Schlammpeitzger, Bitterling.

[1] In flachen Brachsenseen (Waginger See, Staffelsee) gibt es größere Cyprinidenbestände als in den tiefen Brachsenseen (Chiemsee, Bodensee).

Gewässerkunde

Sonderfälle

	Beschreibung	Nährstoffsituation	Fischarten
Baggersee	Künstlich durch Abbau von Sand und Kies entstandener See, oft mit steil abfallenden unstrukturierten Ufern.	Anfänglich durch geringe Nährstoffkonzentration gute bis sehr gute Sauerstoffversorgung und dadurch für Besatz mit Salmoniden (meist Regenbogenforellen) geeignet.	Nährstoffeintrag durch Niederschläge und aus dem Grundwasser lassen den See »altern«. Er wandelt sich von einem Salmoniden- in ein Cyprinidengewässer.
Weiher	Natürliche Kleingewässer mit geringer Tiefe (unter 2 m), ganzjährig wasserführend (i. Gegensatz zu »Tümpeln«, die im Sommer austrocknen können.	Intensive Sonneneinstrahlung bis zum Grund führt zu üppigem Pflanzenwachstum auf gesamter Wasserfläche. Wegen teilweiser extremer Sauerstoffversorgung können nur widerstandsfähige Fischarten überleben.	Karausche, Schleie, Giebel, Moderlieschen, Rotauge (Plötze) und Laube (Ukelei) sowie die durch den Menschen eingesetzten Karpfen und Hechte.

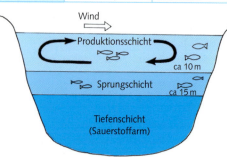

Sommerstadium eines Sees

Im Sommer findet eine Umwälzung nur oberhalb der Sprungschicht statt.

Wasserzirkulation im Jahresverlauf

Frühjahr	In Seen herrscht in allen Tiefen die gleiche Temperatur und damit die gleiche Dichte. Durch starken Wind kommt es auch in tiefen Seen zur Vollzirkulation, der Umwälzung der gesamten Wassermenge.
Frühjahr bis Sommer	Die obere sauerstoffreiche Wasserschicht erwärmt sich allmählich. Sie stellt die »Produktionszone« (Epilimnion) dar. In einer Tiefe von 10 bis 15 Metern bildet sich die »Sprungschicht« (Metalimnion). Darunter liegt die sauerstoffarme »Tiefenzone« (Hypolimnion). Auch bei Wind bleibt diese Schichtung erhalten.
Herbst bis Winter	Die obere Wasserschicht kühlt sich langsam ab, bis in allen Tiefen die gleiche Temperatur herrscht. Es kommt wieder zur Vollzirkulation.
Winter	Sobald die Wassertemperatur unter 4°C sinkt, wird das Wasser leichter und steigt nach oben. Ab 0°C bildet sich eine Eisschicht. Im Winter befindet sich das wärmste Wasser (4°C) am Grund des Sees.

Gewässerkunde

Uferzone eines Sees

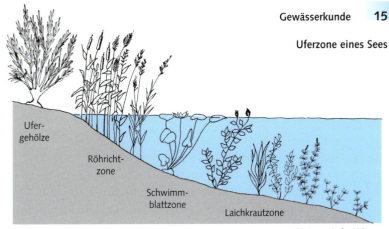

Unterseeische Wiesen

Vegetations-Zonen eines nährstoffreichen Sees

Uferzone	Tiefen- oder Bodenzone	Freiwasserzone
Ab der Wasserkante bis zu der Tiefe, in der die Pflanzen die Oberfläche i.d.R. nicht mehr erreichen.	Der Seegrund nach der Uferzone. Wenig oder kein Pflanzenwachstum mehr wegen geringem Lichteinfall.	Liegt über der Bodenzone bis zur Oberfläche.

Unterteilung der Uferzone
Die verschiedenen Gürtel können unterschiedlich ausgeprägt sein oder auch ganz fehlen.

	Schilfgürtel, Röhrichtzone	Seerosengürtel, Schwimmblattzone	Laichkrautgürtel
Mögliche Pflanzen	Rohrkolben, Schilfrohr, Binsen.	Schwimmblattpflanzen: z. B. Seerose, gelbe Teichrose, Wasserknöterich, Wassernuss, Froschbiss.	Unterwasserpflanzen: Schwimmendes Laichkraut, Krauses Laichkraut, Wasserpest.

Verlandung
Betroffen sind flachere Gewässer. Wasserpflanzen siedeln sich im Uferbereich an. Alte Pflanzensubstanz verrottet zu Schlamm, der sich am Gewässergrund ablegt und ansammelt. Das Gewässer wird immer flacher, in Folge dehnt sich die Röhrichtzone vom Ufer her zur Mitte hin aus.

Die Röhrichtzone ist eine gute Stelle für Hechte.

16 Gewässerkunde

Gewässergüte

Güteklasse	Gewässerzustand	Tierisches Leben
I: *Unbelastet bis sehr gering belastet* Gewässergütekarte-Kennzeichnung: blau	Reines stets annähernd sauerstoffgesättigtes und nährstoffarmes Wasser; geringer Bakteriengehalt; mäßig dicht besiedelt mit Algen, Moosen; Quellbäche und sehr gering belastete Oberläufe von Fließgewässern.	Strudelwürmer, Insektenlarven (Steinfliege, Lidmücke). Laichgewässer für Salmoniden.
I–II: *Gering belastet*	Geringe anorganische Nährstoffzufuhr und organische Belastung, wenig Sauerstoffzehrung; artenreich. Meist Oberläufe von Gebirgs- und Mittelgebirgsbächen.	Sehr artenreiches Kleintierleben: Eintagsfliegen, Hakenkäfer. Oft Salmonidengewässer.
II: *Mäßig belastet* Gewässergütekarte-Kennzeichnung: grün	Gewässerabschnitte mit mäßiger Verunreinigung und guter Sauerstoffversorgung; große Artenvielfalt und Individuendichte von Algen; Wasserpflanzenbestände können größere Flächen bedecken.	Insektenlarven; Bachflohkrebse, Mützenschnecke. Artenreiche Fischgewässer.
II–III: *Kritisch belastet*	Kritischer Zustand durch Belastung mit organischen, sauerstoffzehrenden Stoffen; Fischsterben infolge Sauerstoffmangels möglich; fädige Algen bilden häufig flächendeckende Bestände; Schwarze Unterseite der Steine wegen Sauerstoffmangel.	Rückgang der Artenzahl bei Makroorganismen; Massenentwicklung gewisser Arten: z. B. Wasserassel.
III: *Stark verschmutzt* Gewässergütekarte-Kennzeichnung: gelb	Starke organische, sauerstoffzehrende Verschmutzung, niedriger Sauerstoffgehalt; örtlich Faulschlammablagerungen; Algen und höhere Pflanzen werden verdrängt; erstes Auftreten des »Abwasserpilzes« in höheren Dichten; mit periodischen Fischsterben ist zu rechnen. Ursache: Abwassereinleitungen.	Starkes Auftreten von fadenförmigen Abwasserbakterien und festsitzenden Wimpertierchen von Egeln und Wasserasseln.
III–IV: *Sehr stark verschmutzt*	Eingeschränkte Lebensbedingungen, stark mit organischen, sauerstoffzehrenden und toxischen Stoffen verschmutzt; zeitweilig totaler Sauerstoffschwund; Trübung durch Abwasserschwebstoffe; ausgedehnte Faulschlammablagerungen; Auftreten des »Abwasserpilzes«. Vermutlich massive Abwassereinleitungen.	Hohe Anzahl roter Zuckmückenlarven oder Schlammröhrenwürmer. So gut wie keine Fische.
IV: *Übermäßig verschmutzt* Gewässergütekarte-Kennzeichnung: rot	Gewässerabschnitte mit übermäßiger Verschmutzung durch organische, sauerstoffzehrende Abwässer; Fäulnisprozesse aufgrund meist sehr niedriger Sauerstoffgehalte; biologische Verödung droht. Oft völlig mit Abwasser verunreinigte Gewässerabschnitte, bzw. abwasserführende Gräben oder Bäche. Massenentwicklung des »Abwasserpilzes«. Wasser erscheint weiß. Erhebliche Geruchsbelastung.	Besiedlung vorwiegend durch Bakterien, Geißeltierchen und freilebenden Wimpertierchen und Rattenschwanzlarven. Fische fehlen.

Gewässerkunde 17

Je mehr Sauerstoff ins Wasser kommt, desto größer ist die Selbstreinigungskraft.

Was versteht man unter der Selbstreinigung von Gewässern?

Selbstständiger Abbau organischer Belastungen (z. B. durch Abwassereinleitungen) mit Hilfe von Sauerstoff und tierischer Organismen.

Die organische Substanz wird dabei von einer ungeheuer großen Zahl von Bakterien unter Sauerstoffverbrauch in einfachste Bausteine zerlegt.

Diese Bausteine werden überführt in
- Körpersubstanz (höherer Organismen).
- zum Teil vollständig anorganische Stoffe (Mineralisation).
- Kohlendioxid (CO_2) und Wasser (H_2O).

Voraussetzung sind gute Lebensbedingungen der Mikroorganismen:
- Gute Sauerstoffversorgung (gute Aufnahme aus der Luft durch sprudelndes Wasser, z. B. Rauschen)
- Nicht zu langsame Strömung.
- Große Oberfläche (Siedlungsraum der Mikroben) des Gewässerbodens durch viele Strukturen und/oder lockerem Bodensubstrat.

Merke

Ein Gewässer »kippt um« bei: • zu wenig Sauerstoff
• zu hohem Schadstoffeintrag

18 Gewässerkunde

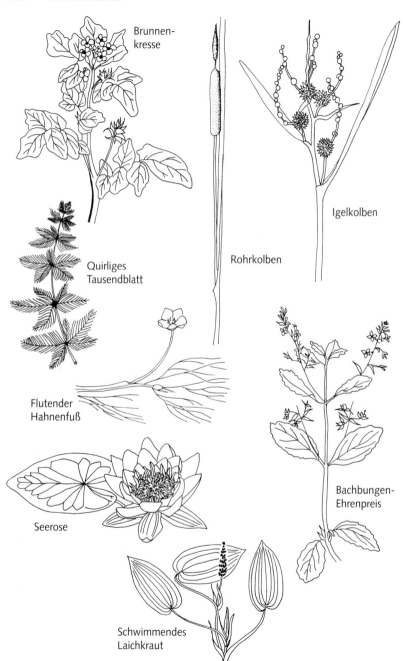

Gewässerkunde

Wasserpflanzen

Wasserpflanzen sind für die Fische von außerordentlicher Bedeutung. Sie schaffen die Nahrungsgrundlagen (Fischnährtiere, Aufwuchs) und die größeren Pflanzen gewähren Schutz vor Räubern, bieten aber gleichzeitig diesen wiederum Einstand und Jagdgebiet.

Überwasserpflanzen (ragen aus dem Wasser heraus)

Arten	Lebensräume
Schilf, Binsen, Rohrkolben, Wasserschwaden, Igelkolben, Seggen, Kalmus, Froschlöffel, Tannenwedel, Seesimse, Wasser-Süßgras, Schwanenblume, Kalmus, Pfeilkraut, Schachtelhalm. Nähe Quelle: Berle, Brunnenkresse, Bachbunge.	Besiedeln Uferzonen und wurzeln unter Wasser. Uferstabilisierung und Bildung von Laichplätzen für viele Fischarten. Vogelbrutplatz. In flachen Gewässern fördern sie allerdings die Verlandung durch andauernde Humusanreicherung.

Schwimmblattpflanzen in einem ruhigen Gewässer. Karpfen, Schleien, Weißfische und Hechte finden hier ihren Lebensraum.

Gewässerkunde

Schwimmblattpflanzen (Blätter schwimmen auf der Wasseroberfläche)

Arten	Lebensräume
Weiße Seerose, Gelbe Teichrose, Gemeiner Wasserhahnenfuß, Wasserknöterich, Wassernuss, Wasserlinsen, Froschbiss, Grasartiges Laichkraut, Schwimmendes Laichkraut.	Seen, Altarme, ruhige Buchten in Flüssen. Kennzeichen: An der Wasseroberfläche schwimmende Blätter. Verankerung im Gewässergrund durch Wurzeln, außer bei der freischwimmenden Wasserlinse. Beschattung des Wassers dadurch Verringerung der Algenbildung. Fördern die Verlandung. See- und Teichrosen verhindern in dichten Beständen das Aufkommen von Unterwasserpflanzen.

Seerose

Unterwasserpflanzen (leben untergetaucht)

Arten	Lebensräume
Versch. Laichkrautarten (Durchwachsenes, Kammförmiges, Spiegelndes, Krauses L. u.a.) Gemeiner Wasserhahnenfuß, Flutender Wasserhahnenfuß, Wasserpest, Hornblatt, Quellmoos, Armleuchteralgen, Wasserstern, Ähriges Tausendblatt, Großes Nixenkraut.	Meist im Grund verankert. Für das Leben unter Wasser besonders wichtig. Sauerstofferzeuger, Versteck für Kleinfische, Lebensraum für Fischnährtiere (Insekten, Krebse), gute Fortpflanzungsbedingungen für Krautlaicher. Sie fördern das Algenwachstum (Aufwuchs). Absterben im Herbst und Verrottung zu fruchtbarem Bodenschlamm.

Pflanzliches Plankton (Phytoplankton)

Arten	Lebensräume
Blaualgen, Grünalgen, Geißelalgen, Kieselalgen. Grünalge Kieselalge Nackt-Kieselalge	Mikroskopisch kleine Schwebeorganismen. Enthalten Chlorophyll zur Assimilation wie höhere Pflanzen. Bei Massenauftreten spricht man von Algenblüte. Starker Rückgang der Sichttiefe. Phytoplankton ist die Grundnahrung vieler Rädertierchen und Planktonkrebse. Diese werden wiederum von Fischbrut und Jungfischen gefressen. Bei Massensterben von Algen und deren Zersetzung durch Bakterien kommt es zu hohem Sauerstoffverbrauch und -mangel. Ein Fischsterben ist möglich.

Gewässerkunde

Was versteht man unter »Aufwuchs«

Auch das sind kleine und kleinste Kieselalgen, Blaualgen, Grünalgen oder grüne Fadenalgen. Sie besiedeln in Gewässern Pflanzen und Steine und bilden bei hohem Nährstoffreichtum einen dichten Überzug. Aufwuchs bildet eine wichtige Fischnahrung (z. B. für Nasen).

Wasserpflanzen in Fließgewässern

Quellen	Das austretende Wasser besitzt im Winter wie im Sommer annähernd die gleiche Temperatur (Jahresdurchschnitt der Lufttemperatur). So können sich im näheren Umgriff der Quelle frostempfindliche, immergrüne Arten behaupten.
Ober- und Mittellauf	Je nach Klarheit des Gewässers sind oft sehr gute Pflanzenbestände vorhanden.
Unterlauf	Durch die zunehmende Eintrübung des Wasser nimmt die Sichttiefe und das davon abhängige Vorkommen größerer Wasserpflanzen stetig ab. Am Ufer treten Röhrichtgesellschaften (z. B. Rohrglanzgras) auf.

Arten	Lebensräume
Pfeilkraut, Fieberquellmoos, Flutender Hahnenfuß, Wasserpest, Flußlaichkraut, Gefärbtes Laichkraut, Dichtes Laichkraut.	Strömungspflanzen besitzen oft längliche, grasähnliche Blätter.

Pflanzenbetten im Fließwasser sind ein guter Platz für Fliegenfischer.

Fischkunde

Allgemeines

Fische haben verschiedene Körperformen.

Form	Vorkommen/Verhalten	z. B. Arten
Spindelform (Torpedoform)	Gute Schwimmer in schneller Strömung oder im Freiwasser in Stillgewässern.	Lachs, Forelle, Saibling, Huchen, Felchen u.ä.
Hochrückige Form (Scheibenform)	Geringe Strömung, viele Pflanzen. Schlechte Schwimmer.	Karpfen, Brachsen, Güster, Barsch
Bodenform	Schwache Schwimmer, halten sich in erster Linie am Grund in Schlupfwinkeln auf. Andere Arten drücken sich in schneller Strömung an den Boden.	Flunder, Aalquappe, Wels, Mühlkoppe
Schlangenform	Wie oben. Ausdauernder, aber nicht zu schneller Schwimmer. Lebt in Verstecken.	Aal
Pfeilform	Schnelle Angriffe aus dem Hinterhalt über kurze Entfernungen. Kein ausdauernder Schwimmer.	Hecht

Haben Fische Knochen?

Ja! Sie bilden das:

Kopfskelett	Schädel- und Kiemendeckelknochen.
Rumpfskelett	Wirbelsäule und Rippen (die jeweilige Anzahl hängt von der Art ab), sowie Schwanzstiel.
Flossenskelett	Basisknochen von Brust- und Bauchflossen. Ohne Verbindung zur Wirbelsäule.

Fischkunde

Was sind »Gräten«?
Einlagerungen zur Versteifung der Muskulatur und des Bindegewebes, ohne Verbindung zum Knochenskelett. Oftmals verzweigt und sehr spitz. Weißfische besitzen sehr viele davon.

Die Form des Fischmauls gibt Auskunft über die Ernährung

Was zeigt die Maulstellung?

Oberständig	Unterkiefer länger als Oberkiefer. z. B. Hasel, Rapfen, Rotfeder.	Fische nehmen Nahrung hauptsächlich von der Oberfläche auf (Fluginsekten).
Endständig	Unter und Oberkiefer sind gleich lang. z. B. Döbel, Barsch, Zander, Bach-, Regenbogenforelle, Rotauge.	z. B. bei vielen Raubfischen.
Unterständig	Oberkiefer ist länger als der Unterkiefer. z. B. Barbe, Frauennerfling, Zährte.	Spezialisierung auf Grundnahrung.
Vorstülpbar	Maul kann nach vorne und unten ausgestülpt werden. z. B. Brachsen, Karpfen, Stör.	Nahrung wird vom Grund angesaugt.

Wozu nützen die Bartfäden (Barteln)?

Es sind spezielle Tast- und Geschmacksorgane. Die Anzahl ist bei den betroffenen Fischarten verschieden.

Welcher Fisch hat wie viele »Barteln«?

1	Rutte (Aalquappe), Kabeljau
2	Schleie, Gründling
4	Karpfen, Barbe
6	Wels, Schmerle, Steinbeißer
8	Zwergwels
10	Schlammpeitzger

Kopf einer Barbe

Die Flossen sind Antrieb und Steuerung

Sie bestehen aus Haut und knöchernen, knorpeligen Strahlen.

Flossenart	Aufgabe
Brustflossen (paarig)	→ langsames Schwimmen, Bremse
Bauchflossen (paarig)	→ Stabilisierung
Schwanzflosse (unpaarig)	→ Antrieb, Beschleunigung
Rücken-, und Afterflosse (unpaarig)	→ Stabilisierung

Sonderfall: Die **Fettflosse** bei Salmoniden ist eine strahlenlose Hautfalte.

Bei der Stellung der Bauchflossen unterscheidet man:

bauchständig		etwa Mitte des Unterkörpers	z. B. Salmoniden, Cypriniden
brustständig		unterhalb der Brustflossen	Barsch, Mühlkoppe
kehlständig		vor den Brustflossen	Aalquappe (Rutte, Trüsche)
nicht vorhanden			Aal

Harte und weiche Flossenstrahlen

Hartstrahlen (Stachelstrahlen)	Geben unter Druck nicht nach.	Bei Barschartigen in der ersten Rückenflosse.
Weichstrahlen	Geben unter Druck nach.	
Sägestrahl [1]	Hartstrahl, auf der Rückseite fein gezähnt.	Bei einigen Karpfenartigen: Längster Strahl der Rücken- und der Afterflosse.

[1] Sägestrahl: Karpfen, Giebel, Karausche und Barbe (nur Rückenflosse).

Stachelstrahlen   Weichstrahlen

Fischkunde 25

Wieviele Rückenflossen (RF)?

Anzahl	Fischarten	Merkmale
1	Mehrzahl der Fischarten	
2	Barsch, Zander, Mühlkoppe, Zingel, Streber, Meeräsche, Rutte (lange Flosse).	getrennt. 1. Flosse meist hartstrahlig (außer Rutte), 2. weichstrahlig.
2	Schwarzbarsch, Forellenbarsch, Sonnenbarsch, Schrätzer, Kaulbarsch.	miteinander verbunden. Vorderteil oft hartstrahlig, hinten weichstrahlig. Vordere RF kleiner als hintere.
Flossensaum	Aal	Rücken-, Schwanz und Afterflosse sind verbunden.

Nach der Form der Schwanzflosse unterscheidet man:

Stark ausge- schnitten, nach innen gebuchtet		Die meisten Cypriniden wie, Karpfen, Brassen, Rotauge, Rotfeder, Renken, Äsche
Mehr oder weniger gerade bis rundlich einge- buchtet (konkav)		Forelle, Lachs
Nach außen gerundet		Aal (spitz zulaufend), Aalquappe (Rutte), Wels, Schlammpeitzger
Unsymmetrisch (heterozerk)		Stör, Hai

Wie ist die Haut der Fische aufgebaut?

Sie besteht aus zwei Teilen:

	Zweck	Bemerkungen
Oberhaut	Schutz gegen äußere Einflüsse. Integrierte sogenannte »Becherzellen« sondern Schleim ab. »Kolbenzellen« stoßen bei Gefahr Schreckstoffe aus, um Artgenossen zu warnen.	Schleim: Schutz vor Verletzungen (Verpilzungsgefahr!), verhindert das Eindringen von Krankheitserregern. Verringert Reibungswiderstand beim Schwimmen.
Unter- oder Lederhaut	Ein mehrschichtiges Bindegewebe als Träger von Blutgefäßen, Nerven, Farbzellen und Schuppen.	Schuppen sind dachziegelartige Verknöcherungen der Unterhaut. Die Anzahl der Reihen ist bei den jeweiligen Fischarten gleich. An der Seitenlinie sind die Schuppen gelöchert.

Die Schuppen – das sichtbare Kleid der Fische

Schuppentypen	Besonderheiten	z. B. Fischart
Plasmoidschuppen (Rundschuppen)	Glatter Hinterrand	Salmoniden, Cypriniden, Hecht, Schmerlen, Rutte
Ctenoidschuppen (Kammschuppen)	Kleine dornartige Fortsätze	Barsch, Zander, Kaulbarsch, Schrätzer, Streber, Zingel
Placoidschuppen	Besitzen kleine Zähnchen	Haie
Ganoidschuppen	Feste Knochenplatten	Störe, Sterlet, Stichlinge (an Seitenlinie)

Sehr kleine Schuppen haben
→ Aal, Aalquappe, Schmerle

Ohne Schuppen sind
→ Wels, Mühlkoppe, Zwergwels

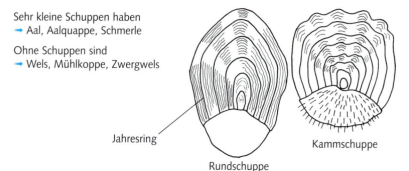

Jahresring

Kammschuppe

Rundschuppe

Alterbestimmung mit Hilfe der Schuppen
Die Schuppen von Fischen in gemäßigten Zonen mit unterschiedlichen Jahreszeiten weisen, ähnlich wie Bäume, Jahresringe (Skleriten) auf, die unter Vergrößerung sichtbar sind.

Hinweis auf Wachstumsgeschwindigkeit.
- Hauptwachstum im Sommer → breiter Jahresring.
- Geringes Wachstum im Winter → schmaler Jahresring.

Falls die Schuppen zu klein sind, werden getrocknete Gehörsteinchen, Wirbel, Kiemendeckel, starke Flossenstrahlen untersucht (z. B. bei Wels, Aal).

Die Muskulatur – der Antriebsmotor

- Symmetrische Anordnung längs der Wirbelsäule.
- Segmentartige Aufteilung (Tütenstruktur).
- Quergestreifte Rumpfmuskulatur (ermöglicht schnelle Kontraktionen und Bewegungen).

	Muskelfarbe	durch
Mehrzahl der Fischarten:	weiß	geringe Durchblutung
Einige Schnellschwimmer:	rötlich	Einlagerung von Muskelhämoglobin.

Fischkunde 27

Wie schwimmen Fische?

»Normale« Fische krümmen den Körper durch abwechselndes Zusammenziehen (Kontraktion) der Muskulatur auf der einen und der anderen Seite. Dadurch entsteht eine wellenförmige Hin- und Herbewegung des Körpers. Der zur Seite schlagende Schwanz drückt dann den Fisch nach vorne.

Langsame Steuer-Bewegungen kommen auch zustande durch:
• Öffnen und Schließen der Kiemendeckel (Rückstoßeffekt).
• Langsames Rudern mit den Brustflossen.

Wie schnell können Fische schwimmen?

Fischart	m/sec	Fischart	m/sec
Lachs, Forelle	10	Döbel	1,8
Hecht	8	Hasel	1,8
Stör	5	Karpfen	1,2
Zander	4,5	Kleinfische	0,8–1,2
Rotauge, Rotfeder	1,7	Glasaale	0,5
Aal	1,5		

Die Farbe der Fische

Vier verschiedene Farbzellen *(Chromatophoren)* in der Lederhaut der Fische sorgen für die unterschiedliche Färbung:
Schwarzzellen, Rotzellen, Gelbzellen und Glanzzellen (enthalten Kristalle aus lichtreflektierendem *Guanin*).
Farbwechsel von Fischen wird indirekt durch das Auge und durch Hormone gesteuert.

Farbanomalien

	Körperfarbe
Fehlende Farbzellen	Hell, weiß (Albinismus)
Überschuss an Schwarzzellen	Dunkel, schwarz (Melanismus)
Kranke und blinde Fische	Dunkel bis schwarz (Farbsteuerung über Augen)
Laichfärbung	Meist rot, (durch Hormone beeinflußt)

Fische atmen durch die Kiemen

Kiemen sind starkdurchblutete Hautblättchen die von einer gasdurchlässigen Membran überzogen und an knorpeligen Kiemenbögen befestigt sind. Zur optimalen Ausnutzung des im Wasser verfügbaren Sauerstoffs (O_2) ist die Oberfläche rund 60 Mal größer als die gesamte Fischoberfläche.

Heimische Fischarten besitzen vier Kiemenpaare.

28 Fischkunde

Atemtechnik
Durch abwechselndes Öffnen und Schließen von Maul und Kiemendeckeln strömt Wasser an den Kiemen entlang. Im Wasser gelöster Sauerstoff wird aufgenommen und gleichzeitig Abfallstoffe wie Kohlendioxid, Ammoniak abgegeben.

Bei steigender Wassertemperatur sinkt der Sauerstoffgehalt im Wasser → Fisch muss rascher atmen, um ausreichend Sauerstoff zu erhalten → Die Kiemendeckel bewegen sich deutlich schneller.
Bei sehr knappem Sauerstoffangebot schnappen die Fische an der Oberfläche nach Luft.

Aal und Schlammpeitzger können über Haut und Darm atmen

Hautatmung	Sauerstoff (O_2) wird außerhalb des Wassers über die Haut aufgenommen.	Aal (bis 60%), Schlammpeitzker (bis 70%).
Darmatmung	Ein Teil der O_2-Aufnahme im Darm durch geschluckte Luft.	Aal kann auch O_2 aus Schwimmblase verwerten.

Die Kiemenreusendornen: Schmutzfilter oder Futtersieb
Dornartige Fortsätze an den Kiemen, die entweder als Schmutz- oder als Nahrungsfänger (Schwebrenken sammeln damit Plankton) gedacht sind.

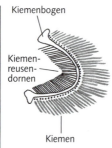

Blick in ein Hechtmaul. Die Kiemenbögen sind deutlich zu erkennen.

Fischkunde

Die Schwimmblase

Entsteht im Embryo als Ausstülpung am Dach des Vorderdarms. Es ist ein gasgefülltes Organ, um den Fisch in der Schwebe zu halten, da Fische etwas schwerer sind als Wasser. Über die Schwimmblase können sie ihr spezifisches Gewicht kontrollieren. Inhalt: Sauerstoff, Stickstoff, Kohlendioxid, Edelgase.

Schwimmblasenarten	Fischarten	Funktion
Ständiger Verbindungskanal zwischen Schwimmblase und Vorderdarm (Luftgang).	z. B. bei Cypriniden, Salmoniden u.a.	Schnelle Steuerung der Luftmenge durch Luftschlucken und -ausstoßen.
Verbindungskanal nach dem Schlüpfen der Brut rückgebildet.	z. B. Aalquappe, Dorsch, Zander, Barsch, Stichling, Kaulbarsch, Schrätzer.	Gas wird ausschließlich aus dem Blut über bestimmte Abschnitte der Blasenwand (Gasdrüse) in die Schwimmblase transportiert. Über das »Oval«, eine gasdurchlässige, gut durchblutete Stelle an der oberen Schwimmblasenwand langsame Abgabe an die Blutgefäße.

Achtung: »Trommelsucht«!
Bei Fischen mit geschlossener Schwimmblase (Quappe, Barsch) gleicht sich der Gasdruck bei einem schnellem Aufstieg aus der Tiefe zu langsam aus. Beispiel: Schnelles Heraufholen eines geangelten Fisches aus größerer Tiefe. Die Schwimmblase bläht sich und presst den Vorderdarm aus dem Maul hervor. Früher fälschlicherweise als Krankheit (Trommelsucht) angesehen. Bei sehr schnellem Aufstieg kann dies auch bei Fischen mit Luftgang vorkommen.

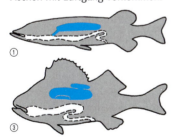
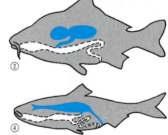

① Hechte und Salmoniden: Eine Schwimmblasen-Kammer mit Luftgang.
② Karpfenartige: Zwei Schwimmblasen-Kammern mit Luftgang.
③ Barschartige: Geschlossene Schwimmblase mit Gasdrüse und Oval.
④ Heringsartige: Zwei Luftgänge + Verlängerung zum Labyrinth.

Anzahl der Schwimmblasenkammern:

Eine Kammer	Salmoniden, Hecht
Zwei Kammern	Cypriniden
Ohne Schwimmblase	Streber, Mühlkoppe, Haie, Rochen (Knorpelfische)

Ernährung, Verdauung und Ausscheidung

Süßwasserfische werden grundsätzlich in Raubfische und Friedfische unterschieden.
- Raubfische ernähren sich von:
  anderen Fischen, Lurchen, Fröschen, Kriechtieren, Jungvögeln, Kleinsäugern, wirbellosen Tieren (Insekten)
- Friedfische ernähren sich von:
  Pflanzen (Algen), wirbellosen Tieren (Insekten), Zooplankton

Besonderheit: Kannibalismus beim Hecht ist möglich. Barsche fressen auch ihre eigene Brut. Manche Friedfische (Barbe, Karpfen) attackieren mitunter kleine Fische.

Die Zähne der Fische

Sie dienen vor allem dem Packen, Festhalten und Schlucken. In der Regel zerkleinern Fische ihre Nahrung nicht sondern verschlingen ihre Beute im Ganzen (Ausnahme: Cypriniden).

Die Zähne sitzen auf Kiefern, Gaumen, Zunge und Pflugscharbein. Ausgefallene Zähne wachsen wieder nach.

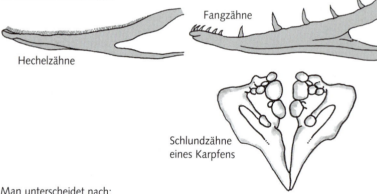

Hechelzähne

Fangzähne

Schlundzähne eines Karpfens

Man unterscheidet nach:

Fang- und Hundszähne	z. B. Zander, Hecht	Einspitzige, das übrige Gebiss überragende Einzelzähne bei den Raubfischen.
Hechel-, Bürsten- oder Samtzähne	z. B. Wels, Barsch	Kleine, dicht aneinanderliegende Zähnchen auf dem Kiefer, vor allem aber auf Gaumen und Zunge.
Reusenzähne	z. B. Renken	Liegen innen auf den Kiemenbögen. Zum Sammeln von Plankton und Schmutzpartikeln.
Schlundzähne und Kauplatte	Karpfenartige (Cypriniden)	Im Schlund angeordnete Zähne zum Zerkleinern härterer Nahrungsbrocken.
Hornzähne	Neunaugen (keine Fische sondern *Rundmäuler*)	Raspelzähne mit deren Hilfe die Haut anderer Fische geöffnet wird.

Fischkunde 31

Pflugscharbein (Vomer)
Unpaarer Gaumenknochen im Dach der Mundhöhle. Breite, dreieckige Platte mit längerem schmal auslaufendem Stiel.

Achtung! Bei Salmoniden: genaue Bestimmung der Art durch Anzahl der Zähne auf Pflugscharbein z. B. Lachs und Meerforelle.

Die wichtigsten Verdauungsorgane

Magen und Darm
- Raubfische ⇒ Magen vorhanden. Der Darm ist sehr kurz, etwa körperlang.
- Friedfische ⇒ Kein Magen vorhanden. Der Darm ist etwa doppelt so lang wie der Körper.

Die Verdauungsdauer ist temperaturabhängig. Je höher, desto schneller ist der Stoffwechsel und umgekehrt. Deswegen nehmen Fische bei niedrigen Temperaturen fast keine oder gar keine Nahrung zu sich.

Leber
Wichtigstes Stoffwechselorgan der Fische. Meist dunkelrot. Bei dorschartigen (Rutte!) erscheint die ausgeprägt große Leber durch den hohen Fettanteil hell. Vorgänge: Eiweiß- und Kohlenhydratstoffwechsel. Fettverdauung, -speicherung, Blutentgiftung. Erzeugung des Gallensaftes für die Gallenblase.

Merke
Rutte (Aalquappe) ⇒ fettarmes Fleisch aber fettreiche Leber (Dorschart)

Organe eines Fisches

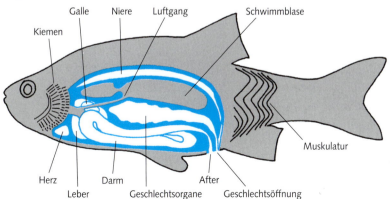

32 Fischkunde

Niere
Paarig ausgebildet unter der Wirbelsäule. Farbe: Dunkelrot. Zweck: Blutreinigung und Ausscheidung flüssiger Abbauprodukte.
Bei Fischen (Lachs, Meerforelle, Aal) die zwischen Süß- und Salzwasser hin und her wechseln können, sorgt die Niere für den Ausgleich der Salzkonzentrationen.

Vom Salzwasser ins Süßwasser aufsteigende Fische:	→ Niere hält Salze zurück.
Vom Süßwasser ins Salzwasser absteigende Fische:	→ Niere scheidet Salze aus.

Unterscheidung zwischen Rumpf- und Kopfniere. In letzterer werden auch rote und weiße Blutkörperchen gebildet.

Blutkreislauf

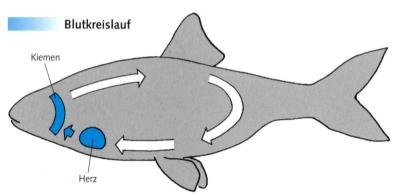

Das Herz arbeitet wie eine einfache Saug- und Druckpumpe. Es liegt dicht hinter den Kiemen zu denen es sauerstoffarmes Blut pumpt. Das mit Sauerstoff angereicherte Blut fließt dann von den Kiemen zu den Organen.

Giftige Bestandteile von Fischen!

Fischart	Giftiger Teil	Vorsichtsmassnahme	Wirkung
Aal, Wels, (Neunauge)	Blut	Keine Berührung mit menschlichem Auge	schmerzhafte Entzündung
Barbe	Rogen (angeblich auch Bauchfleisch)	Kein Verzehr während der Laichzeit (Mai – Juli)	Durchfall, Erbrechen

Nervensystem und Sinnesorgane

Sinneszellen bzw. -organe sind Empfangsstationen. Nervenbahnen leiten die empfangenen Reize zum Gehirn. Als Folge werden Befehle an ausführende Organe abgeschickt, die entsprechend reagieren.

Rückenmark
Verläuft oberhalb entlang der Wirbelkörper des Rückgrats, innerhalb der Dornfortsätze.

Fischkunde 33

Welche Reize kann der Fisch aufnehmen?

	Empfangsorgane:
Berührung, Druck	Haut, Barteln
Geschmack	Haut, Mundhöhle, Barteln
Wasserbewegung	Seitenlinie
Temperatur	Haut
Schall, Gleichgewicht	»inneres« Ohr
Geruch	Nase
Licht	Auge

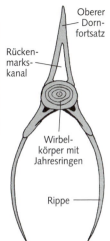

Wie funktioniert die Seitenlinie?

Durch die Öffnungen der Seitenlinie-Schuppen stehen Nervenenden mit dem umgebenden Wasser in Verbindung. Verändert sich der Druck des vorbeiströmenden Wassers verformt sich der gallertartige Fortsatz der einzelnen Nervenenden. Diese Nachricht wird an das Gehirn weitergegeben wo die Änderung von Strömungsrichtung oder Annäherung anderer Fische im trüben Wasser registriert wird.
Bei Hecht und nachtaktiven Fischen (Aal und Wels) ist dieser Sinn sehr gut entwickelt. Auch Fischschwärme orientieren sich damit.

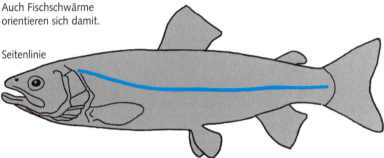

Seitenlinie

Wie wird die Temperatur empfunden?

Über den Körper verteilte Sinneszellen nehmen so geringe Unterschiede von 0,03 bis 0,07 °C wahr.

Können Fische hören?

Fische haben keine Ohren, können aber über ein »inneres Ohr«, das »Labyrinth« Geräusche wahrnehmen.
Bei vielen Fischarten bilden die »Weber'schen Knöchelchen« (Hammer, Amboss und Steigbügel) eine Verbindung zwischen Innenohr und Schwimmblase, die als Schallverstärker (Trommelfell-Ersatz) dient. Die so ausgestatteten Fische hören besonders gut, z. B. Weißfische und Welse, aber nicht Meeresfische.

Merke

Der Schall überträgt sich in der Luft mit ca. 300 m/sec, im Wasser hingegen mit der fünffachen Geschwindigkeit: 1500 m/sec.

34 Fischkunde

Wie sieht der Fisch?

Eingebettet in die Netzhaut der Augen liegen die Sehzellen aus Stäbchen und Zäpfchen. Nah- und Fernsicht ist möglich, auch Farben können erkannt werden.

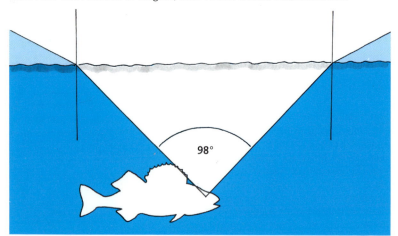

Das »Fenster« des Fisches an der Wasseroberfläche ist kreisrund, der Durchmesser abhängig von der Tiefe in der der Fisch sich befindet. Der Winkel unter Wasser beträgt ziemlich genau 98° und vergrößert sich durch die Lichtbrechung über der Wasseroberfläche beträchtlich. Somit kann der Fisch »um die Ecke« schauen.

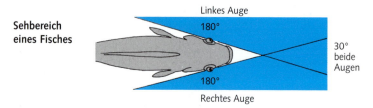

Sehbereich eines Fisches

Können Fische riechen und schmecken?

Geschmacksnerven konzentrieren sich auf die Mundhöhle, Kopfhaut, auf den Lippen und den Barteln. Teilweise sind sie über den ganzen Körper verteilt. Dieser Sinn ist bei den Cypriniden besonders gut entwickelt.

Unterhalb der Augen zur Maulspitze hin befinden sich zwei Nasenöffnungen. Fische besitzen einen hervorragenden Geruchssinn.

Er dient:
- zum Nahrungserwerb.
- bei Wanderfischen zum Wiederfinden der Heimatgewässers (z. B. Lachs, Aal).
- zur Erkennen des Geschlechtspartners.
- zur Wahrnehmung von Feinden.
- als Hilfe bei der Schwarmbildung, Verhalten im Schwarm.

Fischkunde

Kann ein Fisch Schmerzen empfinden?
Ob Fische Schmerzen wie höhere Säugetiere empfinden können ist nicht bekannt und wird unterschiedlich beurteilt. Wissenschaftliche Untersuchungen tendieren dazu, dass Fische nur ein geringes Schmerzempfinden besitzen. Trotzdem versteht es sich für Angler von selbst Fische mit jeder denkbaren Sorgfalt und Schonung zu behandeln. Nach § 1 Tierschutzgesetz dürfen ihnen keine Schmerzen, Leiden oder Schäden zugefügt werden.

Fortpflanzung

Fische laichen jährlich einmal
Die meisten einheimischen Fischarten (z. B. Cypriniden) im Frühjahr und Sommer. Grund: Günstiger Zeitpunkt wegen höherer Wassertemperaturen. Auch genügend Nahrung vorhanden.
Die meisten Salmoniden (Forellen, Lachse) laichen im Winter. Entwicklungszeit der Eier ist länger. Sie müssen mehr Dotter enthalten wegen Ernährung des Embryos. Die Eier von Salmoniden sind deswegen größer.

Frühjahrslaicher	Äsche, Barsch, Hecht, Nase, Mühlkoppe
Sommerlaicher	Karpfen, Barbe, Brachsen, Rotaugen, Wels u.a.
Winterlaicher	Forellen, Felchen, Aalquappe u.a.

Die abgestorbenen Pflanzen im Uferbereich sind im Frühjahr ein idealer Laichplatz für Hechte. Wenn aber in Stauseen plötzlich der Pegelstand fällt, vertrocknet der Laich.

Unterscheidung nach Laichbereichen

	Laichort	Fischarten (Beispiele)
Kieslaicher	Kiesbänke der sauberen, sauerstoffreichen Mittel- und Oberläufe, teilweise Kleinbäche.	Lachs, Forelle, Huchen, Äschen, Stärkere Strömung: Strömer, Barbe, Nase
Kraut- oder Haftlaicher	Eier an Pflanzen, Wurzelwerk und Steinen.	Hecht, Karpfen, Schleie, Zander
Freiwasserlaicher (im freien Wasser der Seen lebende Fischarten)	Laichvorgang in den oberen Schichten des freien Wassers über großen Tiefen. Eier sinken auf den Grund wo sie sich entwickeln.	Felchen, Maränen

Naturbelassene, sauerstoffreiche, klare Bäche sind ideale Laichreviere für Salmoniden wie Bachforellen, Saiblinge und Lachse.

Wanderfische

Manche Fischarten wandern mehr oder weniger weit zu ihren Laichplätzen. Dies kann auch vom Süßwasser ins Salzwasser oder umgekehrt stattfinden (s. Seite 65-67).

Laichwanderung von ...	Beispiele:
... Salzwasser → Süßwasser (anadrome Wanderung):	Lachs, Meerforelle, Stör, Nordseeschnäpel, Stint, Finte, Alse
... Süßwasser → Salzwasser (katadrome Wanderung):	Aal (zur Sargassosee), Flunder (aus Brackwasser der Flussmündungen ins Meer)

Begrenzte Wanderungen innerhalb eines Süßwassersystems: Huchen, Forellen, Nasen, Barben u.a. wandern als Kieslaicher meist stromauf zu Laichplätzen in ihren Heimatgewässern.

Fischkunde

Geschlechtsorgane

Männchen (Milchner)	Besitzen paarige Hoden. Bildung von Samenzellen (Spermien), meist ein Jahr eher geschlechtsreif als Rogner.
Weibchen (Rogner)	Meist paarige Eierstöcke (Ovarien), außer Barsche. Eier gelangen über Eileiter nach außen.

Geschlechtsmerkmale

Viele Fischarten besitzen grundsätzliche geschlechtsspezifische Merkmale (Geschlechtsdiphormismus) oder entwickeln diese während der Laichzeit.

Fischart	Geschlecht	Wann?
Äschen (Milchner)	Milchner: größere Rückenflosse (Fahne)	ständig
Schleien	Milchner: größere Bauchflossen	ständig
Nase	Milchner: größere Brustflossen	ständig
Aal	Milchner < 50 cm Länge, Rogner > 1m Länge	ständig
Hecht (Rogner)	Rogner wird erheblich größer als Milchner	ständig
Forelle, Lachs (Milchner)	Milchner entwickelt einen typischen Laichhaken am Unterkiefer.	Während Laichzeit
Stichlingsmilchner	Milchner zeigt deutliche Rotfärbung	Während Laichzeit
Stichlingsrogner	Entwicklung einer Legeröhre beim Rogner	Während Laichzeit

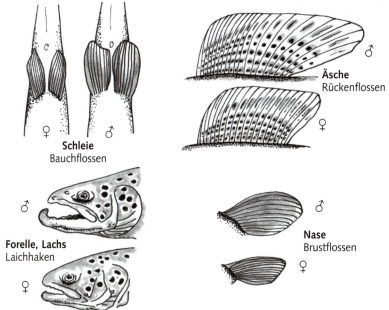

Schleie Bauchflossen

Äsche Rückenflossen

Forelle, Lachs Laichhaken

Nase Brustflossen

Fischkunde

Fische mit Laichausschlag

Fischart	Laichausschlag (i.d.R. nur Milchner) und Laichfärbung dient zur Erkennung des Geschlechtspartners
Karpfenartige	
Karpfen	Leicht an Kopf und Brustflossen.
Brachsen	Perlartig, grobkörnig, intensiv an Kopf, Körper, und Flossen.
Güster	Sehr feinkörnig, schwach ausgeprägt.
Zährte, Rußnase	Perlartig an Kopf. Laichfärbung bei Milchner: Rücken und Flanken tiefschwarz. Bauch, paarige Flossen und Afterflosse orange.
Nase	Leichter Ausschlag. Lebhafte Färbung bei beiden Geschlechtern.
Rapfen	Feinkörnig, intensiv.
Döbel	Feinkörnig.
Aland (Nerfling, Orfe)	Fein, dicht, grießartig am ganzen Körper. Beide Geschlechter: messinggelbe Körperseiten.
Barbe	Perlig in Längsreihen auf Kopf und Rücken.
Perlfisch	Weiß, auffallend stark, »perlartig« (Name!).
Rotauge (Plötze)	Einzelne weiße Knötchen auf Kopf und Rücken.
Hasel	Feinkörnig am ganzen Körper.
Bitterling	Grießkörnig auf Oberlippe.
Moderlieschen	Perlartig am ganzen Körper, relativ grobkörnig.
Elritze	Feinkörnig, vorwiegend auf Kopfoberseite.
	Beide Geschlechter (zur Reizverstärkung beim Ablaichen)
Renken (Maränen)	Vor allem auf Körperflanken.

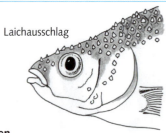

Laichausschlag

Eigröße und Legezahlen

Strategie der meisten Fischarten: Abgabe von vielen Eiern, keine Fürsorge für Laich-Gelege oder Brut. Das heißt: nur ein geringer Prozentsatz der Nachkommen überlebt, aber aufgrund der hohen Eizahlen ist die Arterhaltung trotzdem gesichert.

Eigröße

Art	Laichzeit	Ei
Lachsartige	Herbst-Winter	große Eier (Forelle 5 mm) → langsame Entwicklung (hoher Nährstoffvorrat im Ei benötigt)
Karpfenartige	Frühsommer, Sommer	kleine Eier (Karpfen 1,5 mm) → schnelle Entwicklung (wenig Nährstoffvorrat benötigt)

Fischkunde   **39**

Laichdaten der wichtigsten Angelfische im Überblick

Fischart	Laich-zug	Laichzeit (Monate)	Kies-laicher	Kraut-laicher	Frei-wasser-laicher	Eizahl pro Fisch bzw. kg Körper-gewicht (KG)
Lachsartige Fische (Salmoniden)						
Lachs	•	10–12	•			2000/kg KG
Bachforelle	•	9–12	•			1500/kg KG
Meerforelle	•	12–3	•			1500/kg KG
Seeforelle	•	9–12	•			1500/kg KG
Regenbogenforelle	•	12–5	•			1000–5000
Wandersaibling	•	9–10	•			3000–4000/kg KG
Bachsaibling		10–3	•			2000/kg KG
Huchen	•	3–4	•			1000/kg KG
Äsche		4–5	•			3000–6000
Renken		11–1			•	
Karpfenartige (Cypriniden)						
Aland		4–6				40000–150000
Barbe		5–7	•			3000–9000
Brassen (Blei, Brachsen)		5–7		•		90000–300000
Döbel (Aitel)		4–6		•		45000/kg KG
Giebel		5–6		x		160000–380000
Güster		5–6		x		15000–10000
Karausche		5–7		•		150000–300000
Karpfen		5–7		•		200000–300000/kg KG
Nase	•	3–5	•			max. 100000
Rapfen		4–6	•			30000–40000/kg KG
Rotauge (Plötze		4–5		•		50000–300000
Rotfeder		4–5		•		100000–200000
Schleie		5–6		•		600000/kg KG
Zährte (Rußnase)		5–7	•	•		80000–30000
Zope		4–5	•	•		4000–25000
Raubfische						
Aal		wandert ins Sargasso-Meer				
Barsch		3–6		•		12000–30000
Hecht		2–5		•		40000–45000/kg KG
Quappe, (Rutte, Trüsche)		11–3			•	500000/kg KG
Wels		5–8		•		30000/kg KG
Zander		4–5		•		150000–200000/kg KG

Außergewöhnliches Laichverhalten zeigen z. B.:

Bitterling:
Weibchen legt Eier mittels einer Legeröhre in eine Teich- oder Malermuschel ab. Männchen befruchtet durch Abgabe des Samens ins Atemwasser der Muschel. Diese wird durch Männchen ausgesucht, möglicherweise bringt er mehrere Weibchen zu »seiner« Muschel, die er gegen andere Männchen verteidigt.

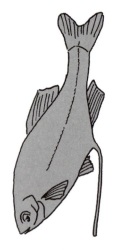

Eiablegendes
Bitterling-Weibchen

Giebel:
Fortpflanzung durch unbefruchtete Eizellen möglich. Teilweise kommen in Populationen nur Weibchen vor. Laichreife Weibchen mischen sich ins Laichgeschäft verwandter Arten (Karpfen, Karausche). Artfremde Spermien dringen in Eizelle ein ohne Vereinigung mit dem Eikern. Die Zellteilung wird aber stimuliert. Aus diesen unbefruchteten Eiern entstehen wieder nur Weibchen. Dieser Vorgang wird auch **Jungfernzeugung** (Gynogenese) genannt.

Manche Fische betreiben »Brutpflege«

Zander, Europäischer Wels, Mühlkoppe: Die Männchen bewachen die in Wurzelwerk und Pflanzen abgelegten Eier bis zum Schlüpfen der Brut.

Stichling: Das Männchen baut ein Nest aus Pflanzenteilen, in denen das Weibchen die Eier ablegt. Danach bewacht das Männchen die Eier sowie die geschlüpfte Brut.

Ei-Entwicklungsdauer

Die Zeitdauer von der Ablage bis zum Schlüpfen der Brut ist abhängig von
- der Fischart
- der Wassertemperatur

Fischkunde

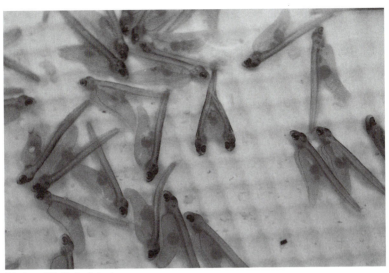

Frischgeschlüpfte Lachsbrut.

Die Entwicklung der Eier wird in **Tagesgraden** gemessen.

	ca. Tagesgrade
Forelle (Winterlaicher)	410
Lachs (Winterlaicher)	440
Barsch (Frühjahrslaicher)	ca. 140
Karpfen, Schleie (Sommerlaicher)	ca. 65

Berechnungs-Beispiele

Eier von	Schlupf der Brütlinge
Bachforelle	bei 10 °C: nach 41 Tagen (410 : 10 = 41) bei 12 °C: nach 34 Tagen (410 : 12 = 34)
Barsch	bei 14 °C: nach ca. 10 Tagen (140 : 14 = 10)
Karpfen oder Schleie	bei 20 °C: nach ca. 3 Tagen (65 : 20 = 3)

Entwicklungstadien vom Ei bis zum Fisch

Augenpunktstadium: tritt ein, sobald bei den Embryos die Augen sichtbar werden.
Dottersackstadium: nach dem Schlüpfen trägt die Fischlarve einen Dottersack mit sich herum, aus dem sie sich ernährt. Ist der Dottersack verbraucht, muss der Fisch aktiv nach Futter suchen.
Jugendstadium: nach Aufbrauchen des Dottersacks.
Altersstadium: nach Eintritt der Geschlechtsreife.

Alter und Wachstum

Fischart	ca. max. Alter (Jahre)
Elritzen	2–6
Zander	15
Huchen	15
Bachforellen	30
Weißfische	10–20
Karpfen	50
Hechte	40–50
Störe	70
Welse	100

In der Jugend ist die Wachstumsgeschwindigkeit am größten, mit zunehmenden Alter nimmt sie sehr schnell ab. Erreichbare Größen und das Lebensalter sind je nach Fischart sehr verschieden.

Wachstum eines Hechtes

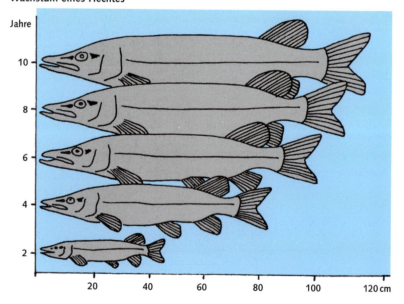

Fischarten

Wirbeltiere bestehen aus folgenden **Klassen:**
Säugetiere – Vögel – Reptilien – Amphibien – **Fische**

Die echten Fische werden eingeteilt in:

- Knorpelfische (Chondrichthyes): nur Meeresfische (z. B. Haie, Rochen).
- Knochenfische (Osteichthyes): alle Süßwasserfische und die Mehrzahl der Salzwasserfische.

Achtung!
Neunaugen (Bach-, Fluss,- Meerneunauge) gehören nach neuerer Einteilung nicht mehr zu den Fischen sondern zu den Rundmäulern (Cyclostomata) (siehe Seite 51).

Weltweit bekannte Wirbeltierarten:	ca. 46000
davon Fischarten:	ca. 25000
davon Knochenfische:	ca. 20000
Süßwasser:	ca. 5000 Fischarten
in Europa:	ca. 190 Fischarten
in Deutschland:	ca. 70 Fischarten

Wichtige Fischarten im europäischen Süßwasser

Dies ist keine strenge Systematik der Fische im zoologischen Sinn, sondern soll für den Angler eine einfache Einteilung darstellen.
Es sind auch solche Fische erfasst, die die meiste Zeit im Meer leben und zum Laichen ins Süßwasser aufsteigen (anadrome Fischarten).

Störartige
Typische Kennzeichen: Knochenplatten in Längsreihen statt Schuppen.

Stör, *Acipenser sturio*
Sterlet, *Acipenser ruthenus*

Heringsartige
Typische Kennzeichen: Kurze Rückenflosse, keine Seitenlinie sichtbar.

Maifisch (Alse), *Alosa alosa* (L.)
Finte, *Alosa fallax* (Lacepede)

44 Fischkunde – Süßwasserfische

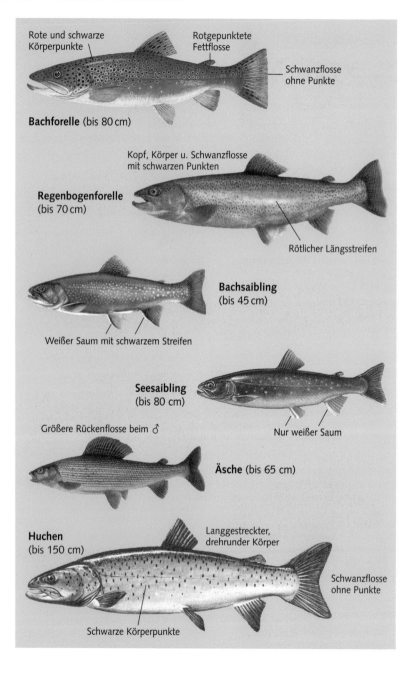

Fischkunde – Süßwasserfische 45

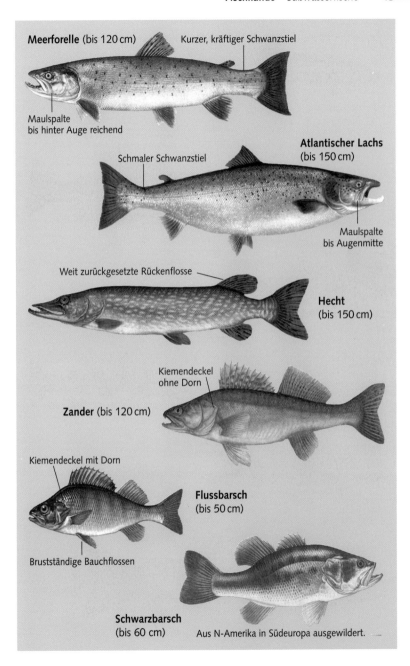

46 **Fischkunde** – Süßwasserfische

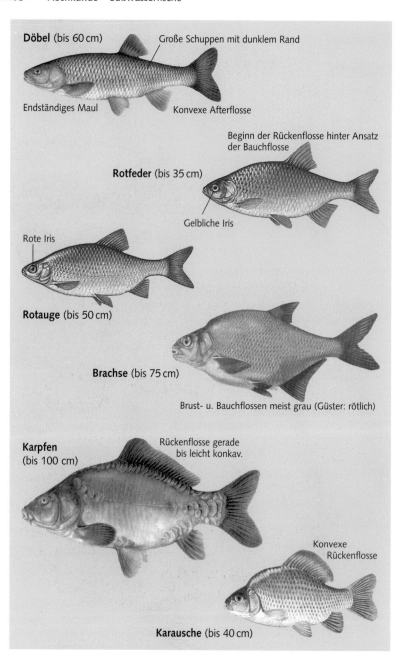

Fischkunde – Süßwasserfische 47

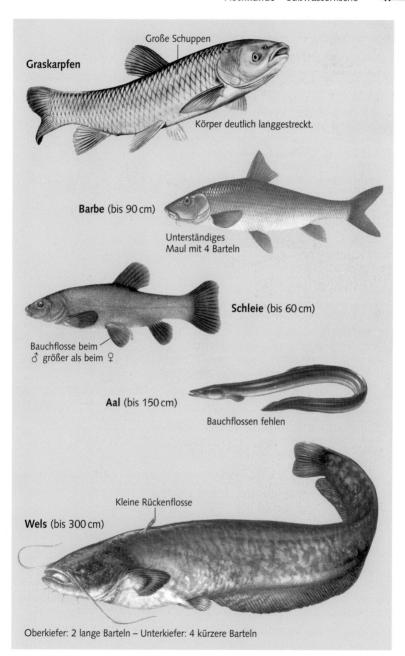

Graskarpfen — Große Schuppen — Körper deutlich langgestreckt.

Barbe (bis 90 cm) — Unterständiges Maul mit 4 Barteln

Schleie (bis 60 cm) — Bauchflosse beim ♂ größer als beim ♀

Aal (bis 150 cm) — Bauchflossen fehlen

Wels (bis 300 cm) — Kleine Rückenflosse

Oberkiefer: 2 lange Barteln – Unterkiefer: 4 kürzere Barteln

48   Fischkunde

Lachs- und Forellenartige (Salmoniden und salmonidenähnliche)
Typische Kennzeichen: Fettflosse zwischen Rücken- und Schwanzflosse.

Atlantischer Lachs, *Salmo salar* (L.)
Bachforelle, *Salmo trutta forma fario* (L.)
Seeforelle, *Salmo trutta forma lacustris* (L.)
Meerforelle, *Salmo trutta forma trutta* (L.)
Regenbogenforelle, *Oncorhynchus mykiss* (Walbaum)
Seesaibling, *Salvelinus alpinus* (L.)
Amerikanischer Seesaibling, *Namaycush (Salvelinus namaycush)*
Bachsaibling, *Salvelinus fontinalis* (Mitchil)
Huchen, *Hucho hucho* (L.)
Felchen (Renken, Maränen), *Coregonus spec.* (L.)
Äsche, *Thymallus thymallus* (L.)
Stint, *Osmerus eperlanus* (L.)

Karpfenartige (auch als »Cypriniden« bezeichnet)
Typische Artkennzeichen: Kein Magen, Schlundknochen im Unter- und Kauplatte im Oberkiefer.

Aland (Orfe, Nerfling), *Leuciscus idus* (L.)
Barbe, *Barbus barbus* (L.)
Blei (Brachsen, Brassen), *Abramis brama* (L.)
Döbel (Aitel), *Leuciscus cephalus* (L.)
Frauennerfling, *Rutilus pigus virgo* (Heckel)
Giebel (Silberkarausche), *Carassius auratus gibelio* (Bloch)
Güster (Blicke, Halbbrachsen), *Blicca björnka* (L.)
Hasel, *Leuciscus leuciscus* (L.)
Karausche, *Carassius carassius* (L.)
Karpfen, *Cyprinus carpio* (L.)
Mairenke, *Chalcalburnus chalcoides mento* (Agassiz)
Nase, *Chondrostoma nasus* (L.)
Perlfisch, *Rutilus frisii meidingeri*
Rapfen (Schied), *Aspius, aspius* (L.)
Rotauge (Plötze), *Rutilus rutilus* (L.)
Rotfeder, *Scardinius erythrophthalmus* (L.)
Schleie, *Tinca tinca* (L.)
Zährte (Rußnase), *Vimba vimba* (L.)
Zobel, *Abramis sapa* (L.)
Zope, *Abramis ballerus* (L.)

Barschartige
Typische Kennzeichen: Raue, kammartige Schuppen (Kammschupper), brustständige Bauchflossen.

Flussbarsch, *Perva fluviatilis* (L.)
Zander, *Stizostedion lucioperca* (L.)

Fischkunde 49

Zu den Barschartigen gehören auch folgende Kleinfische:
Kaulbarsch, *Gymnocephalus cernua* (L.)
Schrätzer, *Gymnocephalus schraetzer* (L.) ⎤
Zingel, *Zingel zingel* (L.) ├ nur im Donauraum
Streber, *Zingel streber* (Siebold) ⎦

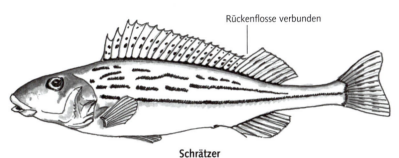

Rückenflosse verbunden

Schrätzer
Länge: ⌀ 15–25 cm (max. 30 cm)

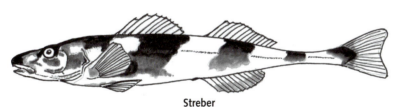

Streber
Länge: ⌀ 12–18 cm (max. 22 cm)

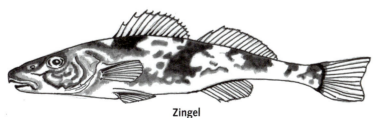

Zingel
Länge: ⌀ 15–20 cm (max. 50 cm)

Fischkunde

Hechtartige
Typische Kennzeichen: Langestreckter Körper, kurze Rückenflosse weit nach hinten verlagert, flache entenschnabelförmige Schnauze.
In Europa nur eine Art.

> Hecht, *Esox lucius* (L.)

Welsartige
Typische Kennzeichen: Schuppenloser Körper, breiter abgeflachter Kopf mit Barteln. Sehr kleine, kurze Rückenflosse.
In Europa zwei Arten.

> Wels (Waller), *Siluris glanis* (L.)
> Aristoteleswels, *Siluris aristotelis* (Agassiz) – in Griechenland heimisch.

Der Zwergwels, *Ictalurus nebulosus* (Le Suer) stammt aus Nordamerika und ist nicht mit dem europäischen Wels verwandt.

Aalartige
Typische Kennzeichen: Schlangenförmiger Körper.
In Europa eine Süßwasserart.

> Europäischer Flussaal, *Anguilla anguilla* (L.)

Dorschartige
Typische Kennzeichen: Ein Bartfaden.
Nur eine Süßwasserart.

> Aalrutte (Trüsche, Quappe), *Lota lota* (L.)

Nur im Donauraum vorkommende Fischarten.
Huchen, Schrätzer, Streber, Zingel, Frauennerfling, Mairenke, Perlfisch, Zobel.

Die Regenbogenforelle kam vor über 100 Jahren aus Nordamerika nach Europa. Schwarze Punkte am Kopf, Körper und auf der Schwanzflosse sind ihr Erkennungszeichen.

Fischkunde

Ein Neunauge saugte sich an einer Forelle fest.

Neunaugen gehören zu den Rundmäulern (Cyclostomata)...

... sie werden wissenschaftlich nicht zu den Fischen zugeordnet.
Primitivste bekannte Wirbeltiergruppe.
Neun »Augen« = 7 Kiemenöffnungen + 1 Auge + 1 Nasenöffnung.

	Lebensweise	Fortpflanzung
Meerneunauge Petromyzon marinus L.	Durchschnittslänge 60–75 cm, lebt im Meer (Flußmündungen, Küstenbereich). Ernährung parasitisch durch Absaugen der Körpersäfte von Fischen (Hering, Dorsche u.a.).	Laichwanderung aus dem Meer bis in den Oberlauf der Flüsse. Elterntiere sterben nach dem Laichakt. Larven (Querder) leben 2–5 Jahre im Süßwasser bevor die entwickelten Tiere zurück ins Meer ziehen.
Flussneunauge Lampreta fluviatilis L.	Adulte Tiere (Länge 31–34 cm) leben im Meer, ähnlich Meerneunauge.	Ähnlich Meerneunauge.
Bachneunauge Lampreta planeri L.	Standform in sauberen, sauerstoffreichen Bächen. Keine parasitische Lebensweise. Nur die Larven ernähren sich von Kleintieren. Adulte Tiere (Länge meist 12–16 cm) nehmen keine Nahrung zu sich, sie leben von Reservestoffen.	Larvenzeit: 3–5 Jahre. Im letzten Jahr Umwandlung zum Neunauge mit darauffolgendem Laichvorgang. Elterntiere sterben danach.

Unterscheidung anhand des Maules:
- Meerneunauge: mehrere deutlich sichtbare Zahnreihen.
- Flußneunauge: nur eine Zahnreihe.

Weitere Neunaugenarten in Europa: Donauneunauge, Donaubachneunauge.

52 Fischkunde

Kleinfische (8–25 cm Körperlänge), die in unseren Gewässern vorkommen

Fischart	Lebensraum/Gewässertypus	Länge in cm (ca. max. Gewicht in g)	Besonderheiten
Binnenstint	Seen in Norddeutschland (Skandinavien).	10–12 (50)	Standform des Wanderstintes
Schmerle, Bartgrundel	Flache, schnellfließende Bäche und Flüsse mit kiesigem Grund. Uferregion klarer Seen.	15 (15)	Nachtaktiv.
Schlammpeitzger	Schlammige, flache stehende Gewässer.	25 (100)	Kiemen und Darmatmung.
Steinbeißer	Stehende und langsam fließende Gewässer, sandiger Untergrund.	10 (10)	Nachtaktiv.
Gründling	Bäche, auch stehende Gewässer.	15 (40)	
Elritze	Saubere Seen, Forellenbäche. In den Alpen bis über 2000 m.	15 (15)	Oberflächenaktiv.
Blaubandbärbling	Vor allem nährstoffreiche stehende oder langsam fließende Gewässer.	4–11	Eingebürgert, sehr anpassungsfähig.
Ukelei (Laube)	Langsam fließende und stehende Gewässer.	20 (100)	Ausgeprägter Schwarmfisch.
Schneider	Schnellere Fließgewässer, am Grund.	16 (50)	
Bitterling	Seen, langsame Fließgewässer. Schlamm- oder Sandgrund.	8 (15)	Weibchen legt Eier mittels Legeröhre in Teich- oder Malermuschel.
Mühlkoppe (Groppe)	Klare Bergseen, Forellen- u. Äschenregion der Fließgewässer.	18 (100)	Vorwiegend nachtaktiv. Brutpflege.
3-stacheliger Stichling	Seen, langsam fließende Gewässer.	9 (10)	Anadrome Wanderformen vorhanden (Küstengewässer ➡ Süßwasser). Männchen betreibt Brutpflege.
Hasel	Schnellströmende Bäche und Flüsse, Seen an Ein- und Ausläufen.	20 (100)	Gesellig an der Wasseroberfläche.
Zwergstichling	Kleine Gewässer, Wiesengräben, krautreiche Tümpel.	8 (10)	Auch im Brackwasser.
Moderlieschen	Kleine, stehende schwach fließende Gewässer, z. B. Gräben, Teiche u.ä.	10 (10)	Gesellig an der Wasseroberfläche.
Kaulbarsch	Größere langsame Fließgewässer. Flußmündungen und Häfen.	20 (100)	Tagaktiv.
Streber	Flache sandige und steinige Abschnitte. Donaueinzugsgebiet.	22 (100)	Zurückgebildete Schwimmblase, ruckartige Bewegungen.
Strömer	Schnellströmende Flüsse mit Kiesgrund (z. B. Äschenregion).	24 (100)	In Gumpen am Grund.
Schrätzer	Donaueinzugsgebiet, tief über Sand und Kies.	25 (250)	Mit Kaulbarsch verwandt, aber langgestreckter Körper, flacher Kopf.

Fischkunde

Einige Kleinfische

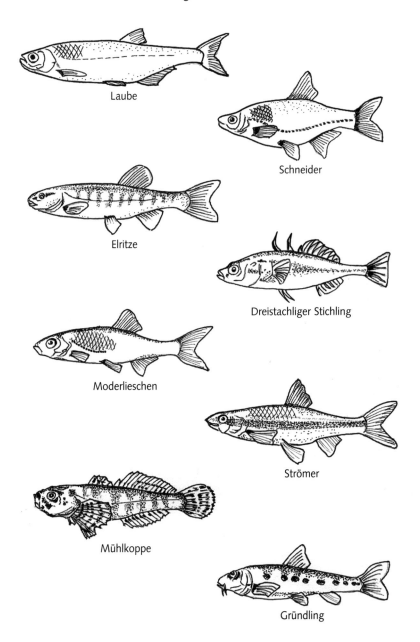

Eingebürgerte Fischarten

Regenbogenforelle *(Oncorhynchus mykiss)*
Mit den Pazifiklachsen verwandt (Gattung *Oncorhynchus*). Seit 1880 zwei Formen bei uns eingeführt.
Form 1: Anadromer Wanderfisch aus den Flüssen der Westküste Nordamerikas.
Form 2: Süßwassergebundene Form aus den Bergbächen in Nevada.
Beide Formen haben sich bei uns vermischt.
Raschwüchsig und deshalb für Teichzucht beliebt. Verwildert oder absichtlich ausgesetzt in Fließgewässern. Sich selbsterhaltende Bestände in Europa nicht sehr häufig. Hohe Abwanderungsraten (Erbanlagen der ursprünglichen Wanderform). Angeblich drängt die Regenbogenforelle (RF) die Bachforelle (BF) aus ihrem Revier. Grundsätzlich nützen beide Fischarten aber unterschiedliche ökologische Nischen im Gewässer. RF braucht weniger Unterstände als BF und ist weniger wählerisch was die Nahrung betrifft. RF erträgt etwas höhere Wassertemperaturen.

Bachsaibling *(Salvelinus fontinalis)*
Gegen Ende des neunzehnten Jahrhunderts von der nordamerikanischen Ostküste nach Europa eingeführt. Verträgt etwas niedrigere pH-Werte als Bachforelle. Kreuzungen aus den beiden Fischarten heißen »Tigerfisch« oder »Tigerforelle« und sind unfruchtbar.

Bachsaibling; man beachte den weißen Flossenrand.

Fischkunde

Amerikanischer Seesaibling, Namaycush *(Salvelinus Namaycush)*
Aus Kanada kommend in der Schweiz in einigen alpinen Seen eingebürgert. Laicht im Winter unter Eis. Großwüchsig bis 1 m. Grünliche Färbung, helle Punkte.

Sonnenbarsche *(Centrarchidae)*
Nah mit echten Barschen verwandt. Natürl. Verbreitung: Vor allem USA. Warme Seen und langsamfließende Gewässer. Zwei Arten in Spanien, Südfrankreich, Italien ausgewildert.

- **Forellenbarsch,** *Micropterus salmoides (Lacepede)* engl.: Largemouth Bass. Größe: 40–60 cm. In USA bis 90 cm. Kennzeichen: Oberkiefer (Maulspalte) reicht bis hinter das Auge.
- **Schwarzbarsch,** *Micropterus dolomieui (Lacepede)* engl.. Smallmouth Bass. Kennzeichen: Oberkiefer (Maulspalte) reicht bis vor das Auge. Natürl. Verbreitung: USA und südliches Kanada.

Nahrung: Würmer, Kleinkrebse, Insektenlarven, Schnecken, Kaulquappen, Kleinfische und Frösche.

Grasfisch oder Graskarpfen (Weißer Amur), *Ctenopharyngodon idella*
Silberkarpfen (Tolstolob), *Hypophthalmichthys molitrix*
Marmorkarpfen, *Hypophthalmichthys nobilis*
Großwüchsige Fische, trotz der deutschen Bezeichnung nicht sehr nahe mit dem echten Karpfen verwandt.
Verbreitung: ursprünglich Einzugsgebiet des Amur bis Kanton und Taiwan. Später ganz China. In Europa und USA eingeführt und heute verbreitet. In Mitteleuropa keine natürliche Reproduktion (nur in Zuchtbetrieben), wegen zu niedriger Wassertemperaturen.

Ernährung:
Graskarpfen	Pflanzen
Silberkarpfen	Algen, Aufnahme mit Kiemenreusenapparat.
Marmorkarpfen	Größere Planktonalgen und Zooplankton.

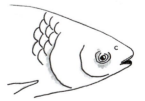  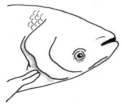

Graskarpfen   Silberkarpfen   Marmorkarpfen

Graskarpfen werden manchmal zur Verringerung der Vegetation in übermäßig pflanzenreiche Gewässer eingesetzt. Optimale Wassertemperatur: 20 °Celsius. Keine Nahrungsaufnahem unter 16 °Celsius. Pro Tag Nahrungsaufnahme bis zu 120 % des Körpergewichtes möglich. Achtung: Gefahr der Vernichtung von seltenen Pflanzen. Nicht gefressen werden: Nadelsimse, Astiger Igelkolben, teilweise Hahnenfuß-Arten, Teich- und Seerose.

Fischkunde

Bachforellen haben rote und schwarze Körperpunkte.

Blaubandbärbling *(Pseudorasbora parva)*
Kleinfisch: 4–10 cm. Sehr anpassungsfähige Fischart, besiedelt langsam strömende Flüsse, Seen, Staugewässer, Sandgruben und Fischteiche. Verbreitet sich leicht in sehr nährstoffreichen Stillgewässern mit hohen Konzentrationen pflanzlichen Planktons. Nahrung: überwiegend aus Kleintieren (Zooplankton). Die Laichzeit ist Mitte März bis Ende Juni. In Ketten abgelegte Eier werden vom Männchen bewacht. Ursprüngliche Verbreitung: Ost-Russland (Amur) bis Japan nach Süd-China. In Europa eingebürgert.

Lachsforelle
Keine ausländische Art oder Kreuzung zwischen Lachs und Forelle, sondern eine reine Markt- und Verkaufsbezeichnung für eine in Teichen gezogene Regenbogenforelle mit rotem »lachsartigem« Fleisch. Die Rotfärbung stammt von karotinhaltigem Futter. In der Natur stammt rotes Fleisch der Forellen von Bachflohkrebsen, die ähnliche Farbstoffe enthalten.

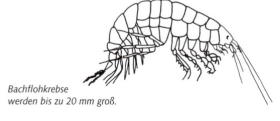

Bachflohkrebse werden bis zu 20 mm groß.

Fischkunde **57**

Kurzbeschreibung wichtiger Fischarten

Fischart	Erscheinungsbild	Mittlere Länge cm	max. Länge cm	max. Gewicht (kg)	Verbreitung	Lebensraum	Ernährung
Lachsartige Fische							
Äsche	Spindelförmig, ovaler Querschnitt, abgeplatteter Bauch	30–50	65	2,5	Ganz Europa, außer iberische Halbinsel, Süditalien und Irland.	Äschenregion. Klare, kühle Fließgewässer mit Sand oder Kiesgrund. Steht gerne im Schwarm. Ältere Tiere Einzelgänger.	Insektenlarven, Würmer, Fischlaich. Ältere Äschen: auch kleine Fische (eigene Brut)
Bachforelle	Spindelförmig, ovaler Querschnitt	25–40	80	7	Europa bis zum Kaspischen Meer, Nordrand Afrika (Atlasgebirge).	Leitfisch Forellenregion. Saubere, sauerstoffreiche Bäche und Seen. Versteckbedürftig, standorttreu, revierverteidigend.	Insektenlarven, Flohkrebse, Fluginsekten. Großforellen: Kleinfische
Bachsaibling	Spindelförmig	20–30	45	1	Stammt aus dem Osten Nordamerikas, seit 1884 in Deutschland.	Forellenregion. Etwas weniger sauerstoffbedürftig als Bachforelle. Bevorzugt kalte, strömungsreiche, kalkarme Bäche.	Flohkrebse, Insektenlarven, Insekten und Weichtiere. Kleine Fische
Huchen	Spindelförmig, langgestreckt, Querschnitt fast rund	70–120	150	50	Stromgebiet der Donau, vor allem Zuflüsse aus den Alpen.	Bevorzugt feste Plätze, tiefe Stellen bei Brücken, Baumwurzeln, in Wehrgumpen etc.	Fische: Nasen, Elritzen, Äschen, Barben und Koppen. Außerdem Frösche, Neunaugen etc.
Atlantischer Lachs	Spindelförmig, relativ langgestreckt	50–120	150	36	Europa: Kola-Halbinsel bis Nordspanien, Island, Südgrönland, Nordostamerika.	Forellenregion (Jungfische) Erwachsene Fische im Meer. Laichzug ins Süßwasser (anadrom). Siehe Lebenszyklus Seite 65 f.	Süßwasser (Jungfische): Flohkrebse, Kleinfische Salzwasser: Krebse, Sprotten, Kleinheringe

Fortsetzung siehe Seite 58

Fischkunde

Fischart	Erscheinungsbild	Mittlere Länge cm	max. Länge cm	max. Gewicht (kg)	Verbreitung	Lebensraum	Ernährung
Lachsartige Fische							
Meerforelle	Spindelförmig, etwas gedrungener als Lachs	50–80	120	20	Kola-Halbinsel bis Nordspanien, Island. Küstenbereiche Atlantik, Nord- und Ostsee.	Erwachsene Fische im Meer (Küstennähe). Laichzug ins Süßwasser. Jungfische wandern nach einiger Zeit in die Küstengewässer ab.	Im Salzwasser: Kleinfische, Krebse, Garnelen
Regenbogenforelle	Spindelförmig, ovaler Querschnitt	25–50	70	7	2 Formen aus westlichem Nordamerika eingeführt. Siehe eingebürgerte Fischarten S. 54.	Steht mehr im freien Wasser. Ansprüche an die Wasserqualität etwas geringer als Bachforelle (Sauerstoff, Temperatur).	Wie Bachforelle aber nicht so wählerisch
Renken, Maränen, Felchen	Siehe Seite 64 f.						
Seeforelle	Spindelförmig gedrungen, ovaler Querschnitt	50–80	120	20	Europa bis Kaspisches Meer. Tiefe kühle Seen. Schwebforellen: jüngere Tiere Grundforellen: ältere Tiere	Sauerstoffreiche, tiefe Gebirgsseen.	Jungforellen: Insektenlarven, Flohkrebse, Kleinfische
Seesaibling [1]	Spindelförmig, langgestreckt	25–40	80	5	Tiefe kalte Seen: Alpen, Britische Inseln, Skandinavien.	Freiwasser der Seen bis 100 m Tiefe. Jungfische im Schwarm. Ältere eher als Einzelgänger.	Zooplankton, Flohkrebse, Insektenlarven und Kleinfische
Stint	Spindelförmig	15–20	30	0,15	Wanderform: Zwischen Biskaya und Südnorwegen. Binnenform: Seen in Norddeutschland, England, Skandinavien, Russland.	Wanderform: Küstengewässer (anadrom), Laichzug ins Süßwasser. Binnenform: große, sommertrübe, tiefere Seen.	Zooplankton, wirbellose Kleintiere, Jungfische

Fischkunde 59

Fischart	Erscheinungsbild	Mittlere Länge cm	max. Länge cm	max. Gewicht (kg)	Verbreitung	Lebensraum	Ernährung
Lachsartige Fische							
Amerikanischer Seesaibling (Namaycush	Spindelförmig, langgestreckt	30–50	100	40	Kühle Seen, aus Nordamerika eingeführt.	Jüngere Fische in Ufernähe, ältere in der Tiefe.	Wirbellose, kleine Fische
Wandersaibling	Spindelförmig, langgestreckt, etwas gedrungener als Seesaibling	30–45	60	3	Nördliches Eismeer. Küstengewässer und Zuflüsse.	Lebt im Meer. Laichzug ins Süßwasser (anadrom).	Im Salzwasser: Kleinfische, Krebse, Garnelen
Raubfische							
Hecht	Langestreckt, Rücken platt, Keilform	40–100	150	35	Europa außer Norwegen und Iberische Halbinsel, Russland und Südkanada. Bevorzugt, ruhige, wärmere aber klare Flüsse und Stillgewässer mit kiesigem Grund und krautreichen Ufern.	Bevorzugt, ruhige, wärmere aber klare Flüsse und Stillgewässer mit kiesigem Grund und krautreichen Ufern. Jagt aus dem Hinterhalt. Versteckliebend (Wasserpflanzen, große Steine, Brückenpfeiler, Pfähle etc.)	Nach Jugendstadium (Insektenlarven, Kleinkrebse) fast nur Fisch, auch kannibalisch. Auch Frösche, junge Wasservögel, kleine Säugetiere.
Flussbarsch	Hochrückig, seitlich abgeflacht	15–25	50	3,5	Europa ohne Iberische Halbinsel, Nordasien und Ostkanada.	Verschiedene Standortformen je nach Gewässertyp. Z. B. Krautbarsch (zwischen Pflanzenbeständen), oder Tiefenbarsch (in Seen).	Würmer, Kleinkrebse, Insektenlarven, Fischbrut, Kleinfische
Zander	Spindelförmig, spitz zulaufender Kopf	40–50	120	15	Herkunft: östlich der Elbe bis Sibirien. Verbreitung durch Besatz in ganz Europa. Sommertrübe Seen und Unterläufe der Flüsse.	Trübe Fließgewässer und Seen. Bevorzugt hartgründige Böden. Auch im Brackwasser.	Kleine Beutefische der Freiwasserzone: Lauben, diverse Jungfische

Fortsetzung Seite 60

60 Fischkunde

Fischart	Erscheinungsbild	Mittlere Länge cm	max. Länge cm	max. Gewicht (kg)	Verbreitung	Lebensraum	Ernährung
Raubfische							
Aal	Schlangenform	50	150	6	Europa außer Schwarzmeergebiet und dessen Zuflüsse. Siehe Lebenszyklus Aal S. 67.	Alle Gewässerregionen, lebt tagsüber in Verstecken, nachtaktiv.	Insektenlarven, Schnecken, Muscheln, Würmer, kleine Fische und Frösche
Wels	Kopf abgeplattet, hinter dem Kopf (dickster Kopfteil) seitlich zusammengedrückt	150–200	300	150	Mittel- und Osteuropa, mittleres bis südliches Russland, Türkei und Euphratgebiet. Wärmeliebend, Flüsse und Seen mit weichem Untergrund.	Größere wärmere Seen und Flüsse mit weichem Grund. Dämmerungs- und nachtaktiv. Tagsüber hauptsächlich in verstecken am Gewässergrund (Baumwurzeln, Austiefungen).	Fische, Würmer, Krebse, Schnecken, Frösche, Insekten, auch Vögel, Kleinsäuger
Quappe, (Rutte, Trüsche)	Spindelförmig, Breiter, abgeplatteter Kopf	30–80	90	8	Westeuropa bis Mittelsibirien.	Kühle, tiefe Seen, Forellenbäche, Brackwasser der Ostsee.	Fische, Würmer, Kleinkrebse, Insektenlarven, Schnecken, Muscheln, Fischlaich
Karpfenartige (Friedfische) [2]							
Aland (Orfe)	Spindelförmig, leicht hochrückig, seitlich abgeflacht	30–40	80		Rhein ostwärts, nördlich der Alpen bis Sibirien.	Mittlere bis größere Flüsse und Seen und Haffe. Gesellig.	Würmer, Insektenlarve, Kleinkrebse
Barbe	Langgestreckt, Spindelförmig, Kopf abgeplattet	30–50	90	6	Vor allem Mitteleuropa.	Vor allem in der Barbenregion (Mittellauf der Flüsse), sandig kiesiger Grund, zügige Strömung.	Sucht den Grund ab: Würmer, Insektenlarven, Muscheln, Schnecken, teilweise Pflanzen und Fischbrut
Brassen (Blei, Brachsen)	Hochrückig, seitlich stark abgeflacht	30–50	75	8	Europa nördlich Alpen und Pyrenäen bis Ural. Außer Nordskandinavien und nördliche Britische Inseln, Teile des Balkan.	Brassenregion. Warme, flachere Seen der Niederungen. Mäßig strömende Fließgewässer (Unterläufe, Staustufen) mit Bodenschlamm.	Insektenlarven (Zuckmücken), Weichtiere, Würmer, Muscheln, Kleinkrebse

Fischkunde 61

Fischart	Erscheinungsbild [2]	Mittlere Länge cm	max. Länge cm	max. Gewicht (kg)	Verbreitung	Lebensraum	Ernährung
Karpfenartige (Friedfische) [2]							
Döbel (Aitel)	Spindelförmig, Querschnitt fast drehrund	30–40	60	5	Europa, außer Irland, Nordschottland, Dänemark und nördliches Slandinavien.	Untere Forellen- bis Barbenregion und Seen. Schnell- bis langsamfließende Bäche und Flüsse. Liebt sauerstoffreiches Wasser bevorzugt aber den Strömungsschatten. Im Sommer oberflächenorientiert.	Würmer, Insektenlarven, Flug- und Landinsekten, Ältere Fische räuberisch: Fischlaich, Kleinfische, Amphibien, Krebse
Frauennerfling	Spindelförmig, langestreckt	20–30	50	2	Donaueinzugsgebiet	Barbenregion der größeren Flüsse.	Wie Brachsen
Giebel	Hochrückig, seitlich abgeflacht	15–25	45	3	Aus Ostasien eingebürgert. Mittel- und Nordeuropa.	Ähnlich Karausche.	Wie Karausche
Güster	Hochrückig, seitlich stark abgeflacht	20–25	35	0,5	Nördlich Alpen und Pyrenäen bis Ural, außer Nordskandinavien und nördliche Britische Inseln.	Brassenregion. Langsam fließende Gewässer, Kanäle. Stillgewässer, weicher Boden. Dichter Pflanzenbestand. Wärmere Wassertemperaturen. Schwarmfisch.	Wie Brachsen
Hasel	Spindelförmig, fast drehrund, konkave Afterflosse	15–30	35	0,35	Europa, außer iberische Halbinsel, Balkan, Italien und nördliches Norwegen und Schottland.	Äschen- bis Barbenregion. Saubere, klare Bäche und Flüsse, schneller strömendes Wasser. Oberflächenorientiert. Schwarmfisch.	Insekten, Würmer, Schnecken
Karausche	Hochrückig, seitlich abgeflacht. Runde Flossen.	15–25	35–40	2	Aus Osteuropa stammend. In Mittel-, West- und Nordeuropa eingebürgert.	Stehende und langsam fließende Gewässer mit viel Planzenwachstum.	Allesfresser. Zooplankton, Insektenlarven, Würmer etc.

Fortsetzung Seite 62

62 Fischkunde

Fischart	Erscheinungsbild	Mittlere Länge	max. Länge	max. Gewicht (kg)	Verbreitung	Lebensraum	Ernährung
Karpfenartige (Friedfische) [2)]							
Karpfen (Schuppenkarpfen)	Wildform: relativ gestreckt, rundlich. Zuchtform: hochrückiger, seitlich abgeflacht.	40–60	100	25–30	Ursprünglich aus warm gemäßigten Zonen Asiens. Heute über die ganze Welt verbreitet.	Brassenregion, wärmere Stillgewässer. Langsam fließende bzw. stehende nicht zu kalte Gewässer. Weicher Grund, pflanzenreich. Verträgt schlechtere Wasserqualität.	Algen, Plankton, Weichtiere, Würmer, Insekten (sogar Fischbrut).
Nase	Langgestreckt, seitlich leicht abgeflacht. Wulstige Oberlippe.	30–50	60	2,5	Mitteleuropa, Rhein- und Donaugebiet bis nördlich Schwarzes und Kaspisches Meer.	Rasch strömende Flüsse mit sandig-kiesigem Grund.	Schabt vor allem Algenaufwuchs von Steinen.
Perlfisch	Langgestreckt, spindelförmig, fast drehrund	40–50	70	5	Bestimmte Seen im Voralpengebiet.	Schwarmfisch, tieferes Wasser.	Insekten, Würmer (kleine Fische)
Rapfen	Spindelförmig, silbrig Maul: oberständig Afterflosse: eingebuchtet	50–70	90	10	Vom Rhein bis zum Ural. Südskandinavien, Donauraum, Kaspisches und Schwarzes Meer.	Strömungsreiche, größere Fließgewässer mit kiesigem Grund. Freiwasser der Seen. Sommer: Oberflächenorientiert. Winter: Tiefenfisch.	Jungfische: Insekten, Fischbrut Ältere Tiere: Fische (Frösche, Kleinsäuger)
Rotauge (Plötze	Hochrückig, seitlich stark abgeflacht	20–50	50	1,0	Europa nördlich Pyrenäen und Alpen. Östlich bis Sibirien. Fehlt in Nordnorwegen.	Brassen- und Brackwasserregion. Sehr anpassungsfähig, verträgt auch schlechtere Wasserqualität. Besonders verkrautete Uferbereiche aber auch im Freiwasser.	Zooplankton, Insektenlarven, Fluginsekten, teilweise Wasserpflanzen

Fischkunde

Fischart	Erscheinungsbild	Mittlere Länge	max. Länge	max. Gewicht (kg)	Verbreitung	Lebensraum	Ernährung
Karpfenartige (Friedfische) [2]							
Rotfeder	Hochrückig, seitlich stark abgeflacht, Bauch gekielt	20–40	35	0,6	West-, Mittel- und Osteuropa, Nicht in Nordskandinavien und -schottland.	Brassen- und Brackwasserregion. Stehende, langsam fließende und vegetationsreiche Gewässer. Auch an der Oberfläche.	Plankton, Insekten, Fadenalgen, weichblätterige Wasserpflanzen (z. B. Laichkrautarten, Wasserpest u. ä.)
Schleie	Körper: gedrungen, dunkel-olivgrün Maul: endständig, Barteln. Schuppen klein.	20–40	60	6	Europa bis Sibirien außer Teile Nordeuropas und des Balkans.	Langsam fließende und stehende Gewässer (Weiher, Altwasser u. ä.). Bevorzugt weichen Bodenschlamm und Pflanzenbewuchs.	Bodenlebende Kleintiere, Pflanzenteile
Zährte (Rußnase)	Langgestreckt, seitlich abgeflacht. Dunkle Schnauze.	20–40	50	1,2	Donau-, Schwarzmeergebiet, südlicher Ostseeraum.	Zügig bis langsam strömende Flüsse. Barben bis Brachsenregion.	Bodenorientiert: Würmer, Insektenlarven, Muscheln, Schnecken
Zobel	Hochrückig, seitlich stark abgeflacht.	15–20	35	0,5	Donau bis Ural. Schwarzmeergebiet, Kaspisches und Assowsches Meer.	Langsame Fließgewässer, Seen, Brackwasser (anadrom lebend)	Wirbellose Kleintiere
Zope	Hochrückig, seitlich stark abgeflacht.	20–30	45	0,5	Unterläufe Weser und Elbe, Zuflüsse: Ostsee, Schwarzes und Kaspisches Meer.	Träge Fließgewässer des Flachlands. Vorwiegend im Freiwasser.	Plankton, Insektenlarven

1) Wandersaibling: Stammform des Seesaiblings.
Man nimmt an, dass sich der Seesaibling zwischen den Eiszeiten vom Wandersaibling abgespalten hat und im Süßwasser geblieben ist.

3 Formen: **max. Größe ca.**
Normalsaibling 40 cm
Wildfangsaibling 75 cm
Schwarzreuter (Tiefenfisch) 15–25 cm

2) Rapfen und Döbel teilweise räuberisch.

Unterscheidung von drei Standortformen der in Europa heimischen Forelle (Salmo trutta L.)

	Unterschiede
Bachforelle *Salmo trutta fario* L.	Bevorzugt kühle, sauerstoffreiche Fließgewässer. Standorttreu, revierverteidigend. Wird nicht so groß wie die Wanderformen. In nahrungsarmen Gewässern ausgesprochen kleinwüchsig. Zieht im Herbst etwas stromauf, um abzulaichen, gilt aber nicht als Wanderfisch.
Seeforelle *Salmo trutta f. lacustris* L.	Lebt in großen, tiefen Seen, wandert zum Laichen in die sauerstoffreichen Zuflüsse.
Meerforelle *Salmo trutta trutta* L.	Anadrome Wanderform. Lebt als adulter Fisch im Meer, vor allem in den Küstenbereichen West- und Nordeuropas bis Island. Zieht zum Laichen ins Süßwasser, wo die Jungfische zwischen 0,5–5 Jahre zubringen, bevor sie ins Meer zurückkehren.

Maränen, Felchen und Renken (Coregonen)

Eine Gruppe von Fischen, die mit den Salmoniden verwandt sind.
- Kennzeichen: Silberglänzend, heringsähnlich, langgestreckter, silbriger Körper. Fettflosse.
- Vorkommen: In erster Linie größere, tiefe und klare Seen. Auch Wanderformen in Fließ- und Brackwasser.
- Verbreitung: Nördliche Halbkugel, Amerika, Europa, Asien.

Zwei Hauptformen:	Lebensraum/Ernährung	Unterscheidung
Schwebrenken	Freiwasser, Planktonfresser	Zahlreiche, feine Reusendornen
Bodenrenken	Grundnähe, Insektenlarven (Kriebel- und Zuckmücken)	Weniger Reusendornen

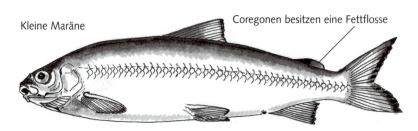

Kleine Maräne

Coregonen besitzen eine Fettflosse

In Europa sind verschiedene Zwischenstufen und Übergangsformen grundsätzlich auf sechs Arten zurückzuführen. Sie teilen sich in Große Maränen und Kleine Maränen.

Große Maränen	Größe	Gewässer
Kilch, Kropffelchen (*Coregonen pidschian*)	Alpengebiet bis 30 cm	Nordeuropa, -asien, nördliches Nordamerika. Alpengebiet: Z. B. Boden-, Ammer-, Chiem-, Genfersee.
Sandfelchen, Große Maräne (*C. nasus*)	Alpengebiet 50–60 cm (1,3 kg)	Nördliches Europa, einige norddeutsche und polnische Seen.
Blaufelchen, Große Schwebrenke, Ostseeschnäpel (*C. lavaretus*)	Bis 70 cm und 10 kg. Zwergformen in nahrungsarmen Seen.	Alpen und Voralpenseen, Skandinavien, Britische Inseln, Russland. Ostsee (Wanderform).
Nordseeschnäpel (*C. oxyrynchus*)	Bis 50 cm und 2 kg	Alpen und Voralpenseen (Gangfisch), Skandinavien, Britische Inseln, Russland. Nordsee (Wanderform steigt zum Laichen ins Süßwasser auf).
Peledmaräne (*C. peled*)	Bis 70 cm und 8 kg.	Arktisches Verbreitungsgebiet, Sibirien, Skandinavien bis Ostseegebiet.
Kleine Maränen		
Kleine Maräne, Zwergmaräne (*C. albula*)	Meist bis 20 cm (bis 50 cm in Ausnahmen)	Nördliches Mittel- und Nordeuropa.

Lebenszyklus des atlantischen Lachses (Salmo salar)

Anadromer Wanderfisch: Laichzug vom Meer ins Süßwasser.

Früher auch in Mitteleuropa weit verbreitet, aber hier durch Gewässerverschmutzung und Querverbauungen der Flüsse teilweise ausgerottet. Seit Mitte der 90er Jahre des letzten Jahrhunderts dank Wiedereinbürgerungsprogrammen Rückkehr in eine Reihe von Flüssen, z. B. dem Rhein und seinen Zuflüssen. Auch durch kommerzielle Überfischung im Meer stark gefährdet.

Klassische Lachsländer für den Angler sind heute noch: Die Britischen Inseln, Skandinavien, Nordrussland, Island, teilweise auch Frankreich, Portugal und Spanien.

Lebenslauf

1. Nach der Entwicklung aus dem Ei lebt der Lachs noch rund 2–3 Jahre im Süßwasser. Die Jungfische werden »Parr« genannt.

Fischkunde

Zwei frisch aufgestiegene Lachse aus einem irischen See.

2. Für ein Leben im Süßwasser würden dem Lachs die dort vorhandenen Nahrungsvorräte nicht ausreichen. Sobald er sich weit genug entwickelt hat (3–5 Jahre), wandert er flussabwärts, er färbt sich silbrig und sein Stoffwechsel verändert sich, er passt sich dem Leben im Salzwasser an. Dieser Vorgang wird »Smoltifizierung« genannt. Die 20–25 cm langen »Smolts« wandern ins Meer.

3. Der Lachs grast nun die reichen Nahrungsgründe des Nordatlantiks ab, stößt dabei bis Island und Grönland vor. Nach 1–2 Jahren kehrt er (meist in seinen Geburtsfluss, aber auch benachbarte Flusssysteme) zurück, um dort in den klaren Oberläufen zu laichen. Viele der Elterntiere überleben den Laichakt nicht lange, aber einige kehren ins Meer zurück, erholen sich und laichen eventuell mehrmals.

Es gibt verschiedene Stämme. Z. B. Frühjahrs- oder Sommeraufsteiger. Je länger der Lachs sich im Süßwasser befindet, desto dunkler wird er, die Fleischqualität nimmt dabei immer mehr ab. Das Ablaichen findet erst Nov.–Jan. statt.

»Grilse« sind kleinere meist männliche Sommerlachse (1,5–4 kg), die nach einem Jahr im Meer ins Süßwasser zurückkehren ohne zu laichen.

> **Der Lebenszyklus der Meerforelle ist dem des Lachses ähnlich.** Allerdings bleiben die Meerforellen im Meer eher in den Küstengewässern. Laichaufstieg im Herbst.

Lebenszyklus des Aals

Katadromer Wanderfisch: Laichzug vom Süßwasser ins Meer

In Europa natürlich verbreitet, außer Donaueinzugsgebiet. Als Grund wird die Sauerstoffarmut in der Tiefe des Schwarzen Meeres angenommen, das der Aal somit nicht durchqueren kann.

1. Laichwanderung vom Süßwasser ins Meer (katadrom). Laichgründe liegen in der Sargasso-See im westlichen Atlantik. Dort wurden in 100–300 m Tiefe die kleinsten Aallarven nachgewiesen.
2. Mit dem Golfstrom kehren die Aallarven nach Europa zurück. Reisedauer ca. 3 Jahre. Die Larven wachsen während dieser Zeit immer mehr heran und steigen in die Flüsse als durchsichtige »Glasaale« (Länge: 65 mm) auf. Einige Aale bleiben auch in den brackigen Küstengewässern.
3. Laichwanderung beginnt nach ca. 4–10 Jahren im Süßwasser.

Lebenszeit von Aalen, die nicht abwandern können (z. B. abgeschlossener Baggersee): 25–50 Jahre

Lebenszyklus des Aals

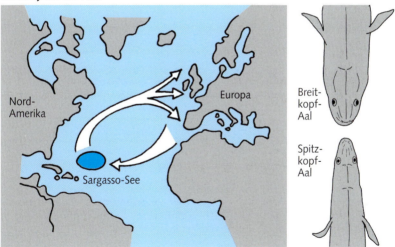

Bezeichnungen

Gelbaal: Aal in der Wachstumsphase. Einige entwickeln sich zu »Spitzkopfaalen« (Ernährung: Würmer, Insektenlarven, Kleinkrebse u.ä.), die anderen zu »Breitkopfaalen« also Raubaalen.
Blankaal: Flussabwärts zum Meer wandernder Aal.

Fischkunde

Unterscheidungsmerkmale wichtiger Fischarten

Bei vielen Fischarten kann es vor allem bei Tieren im Jugendstadium zu Verwechslungen kommen. So werden zum Beispiel immer wieder junge Huchen unter ihrem Schonmaß als große Forellen entnommen. Hier sind einige der wichtigsten Kriterien aufgeführt, um die Verwechslungsgefahr zu reduzieren.

	Huchen	Bachforelle	Regenbogenforelle
Körperform	Drehrund	Abgeflacht	Abgeflacht
Körperpunkte	Keine Punkte auf der Schwanzflosse. Nur schwarze, x-förmige Körperpunkte.	Schwanzflosse ohne Punkte, rotgepunktete Fettflosse, rote und schwarze Körperpunkte.	Nur schwarze Punkte auf Kopf, Körper, Rücken-, Fett- und Schwanzflosse. Rote Punkte fehlen.

	Lachs	Meerforelle
Schwanzflosse	Stärker ausgeschnitten. Schwanzstiel relativ schmal und lang. Lachs kann an der Schwanzwurzel gehalten und angehoben werden.	Wenig eingebuchtet. Schwanzstiel höher und kürzer. Schwanzwurzelgriff nicht möglich.
Schwanzstiel	Schlank und hart.	Höher und dicker.
Maulspalte	Meist bis hinter das Auge reichend.	Bis Mitte Auge reichend.
Hinterer Rand Kiemendeckel	Abgerundet	Spitz endend.
Jungfische	8–10 deutliche blaugraue Flecken mit einzelnem roten Punkt dazwischen. Fettflosse: graugrün.	Querbinden blasser und weniger, viele rote hellgesäumte rote Punkte. Fettflosse Forellenbrut: rot umrandet.
Pflugscharbein	1 Längsreihe Zähne.	Platte mit 1 Querreihe Zähne.
Reusendornen am 1. Kiemenbogen	Alle stabförmig.	2–5 obere und untere knopfförmig, mittlere stabförmig.
Schuppenreihen zwischen Fettflosse und Seitenlinie	Einschließl. Schuppe auf Seitenlinie: 11–15 (am häufigsten 12–14).	Einschließl. Schuppe auf Seitenlinie: 14–19 (am häufigsten 16).

Anmerkung!
Mancherorts ist es wichtig abwandernde Junglachse von kleinen Bachforellen unterscheiden zu können.
Der Junglachs (Smolt) besitzt vergrößerte, fast dreieckige Brustflossen und ein silbriges Erscheinungsbild. Die Gefahr **fangfähige** Fische zu verwechseln ist allerdings gering. Mit 25 cm Länge sind Junglachse normalerweise schon ins Meer abgewandert.

Fischkunde

	Bachsaibling	Seesaibling
Bauchflossen, Afterflosse	Weißer Saum am unteren Rand endet in schwarzem Streifen.	Schwarzer Streifen fehlt.

	Karpfen	Karausche	Giebel
Barteln	4 Barteln	Ohne Barteln.	Ohne Bartel.
Rückenflosse		Nach außen gebogen (konvex).	Nach innen gebogen (konkav).
Schwanzwurzel		Dunkler Fleck.	Dunkler Fleck fehlt.

Verwechslung nur im Jugendstadium der Barbe möglich:

	Barbe	Gründling
Barteln	4	2

	Döbel	Hasel	Nerfling
Körper	Fast drehrund.	Seitlich abgeflacht.	Im Vergleich mit Döbel und Hasel etwas gedrungener.
Afterflosse	Nach außen gewölbt (konvex).	Nach innen gewölbt (konkav).	Nach innen gewölbt (konkav).
Maulspalte	Große endständige Maulspalte.	Kleinere Maulspalte als Döbel.	Maul endständig.
Flossen	Bauch, After, Schwanzflosse leicht rötlich.	Grau	Bauch- After und Schwanzflosse meist rötlicher als bei Döbel.

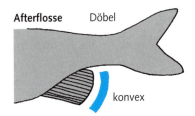
Afterflosse Döbel — konvex

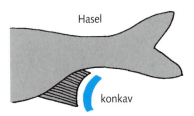
Hasel — konkav

	Döbel	Graskarpfen (Weißer Amur)
Maulpartie	Endständig	Leicht unterständig, kleiner beweglicher Teil im Vorderbereich des Oberkiefers.
Augen		Liegen im Vergleich zum Döbel tiefer.

	Döbel	Perlfisch
Schuppen	Vergleichsweise große Schuppen, dunkler Rand.	Deutlich kleinere Schuppen, dunkle Umrandung fehlt.

Fischkunde

	Silberkarpfen	Marmorkarpfen
Augenstellung	Auf Höhe der Maulspalte.	Unterhalb der Maulspalte.
Bauchlinie	Gekielt von Kehle bis After.	Von Kehle bis Bauchflosse rund, ab Bauchflosse gekielt.

	Brachsen	Güster
Augen	Relativ klein.	Relativ groß.
Brustflossen	Erreichen nach hinten angelegt meist die Bauchflossen.	Erreichen nach hinten angelegt meist **nicht** die Bauchflossen.
Paarige Flossen	Meist grau.	Meist am Ansatz rötlich, vor allem Brustflossen.
Stellung der Schlundzähne (sicheres Zeichen)	Anordnung in einer Reihe.	Anordnung in zwei Reihen.

Unterscheidung von brassenähnlichen Fischarten

Ein relativ sicheres Unterscheidungsmerkmal ist die Anzahl der Weichstrahlen der Afterflosse (ohne die jeweils vorhandenen Hartstrahlen).

Fischart	Weichstrahlen
Güster	19–23
Brassen, Blei	23–28
Zope	36–39
Zobel	38–48

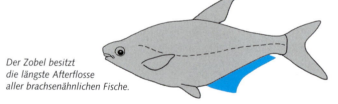

Der Zobel besitzt die längste Afterflosse aller brachsenähnlichen Fische.

Verwechslung aufgrund der Größenverhältnisse nur bei sehr jungen Rapfen möglich:

	Rapfen	Laube
Maulspalte	Große Maulspalte bis Mitte Augen, Einkerbung am Oberkiefer, vergleichsweise kleine Augen und Schuppen.	Steil nach oben gerichtete, kleine Maulspalte (oberständig), vergleichsweise große Augen und Schuppen.

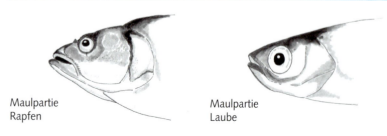

Maulpartie Rapfen

Maulpartie Laube

Fischkunde

	Rapfen	Mairenke
Rückenflosse	Saum der Rückenflosse eingebuchtet (konkav).	Ansatz deutlich hinter dem Ansatz der Bauchflossen. Saum der Rückenflosse gerade.

	Laube	Moderlieschen
Seitenlinie	Durchgehend	Unvollständig

	Rotauge	Rotfeder
Auge	Rote Iris.	Messinggelbe bis goldgelbe Iris.
Bauchlinie zwischen Bauchflosse und Afterflosse	Scharfer Kiel.	Gerundet
Maulspalte	Endständig	Leicht oberständig.
Ansatz Rückenflosse	Senkrecht über Beginn Bauchflossen.	Etwas hinter den Bauchflossen.

Zwischen Rotauge und Rotfeder sind Kreuzungen möglich.

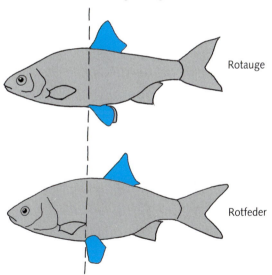

Rotauge

Rotfeder

	Forellenbarsch	Schwarzbarsch
Maulspalte	Maulspalte reicht bis hinter das Auge.	Maulspalte endet vor dem Auge.

Bei den amerikanischen Schwarzbarschen ist die 2. Rückenflosse länger als bei den in Europa heimischen barschartigen Fischen.

Fischkunde

	Nase	Zährte
Körperbau	Weniger hochrückig.	Vergleichsweise hochrückig.
Afterflosse	Kurze Afterflosse.	Lange Afterflosse.
Maulpartie	Scharfkantige, harte Ränder der Ober- und Unterlippe.	Kegelförmig hervorspringende dunkle bis schwarze »Nase«, keine harten Lippenränder, fast doppelt so lange Afterflosse wie bei Nase.

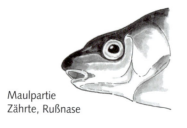

Maulpartie
Zährte, Rußnase

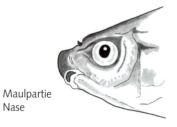

Maulpartie
Nase

	Barsch	Zander (Jugendform)
Kopfform	Gedrungen	Länglich
Rückenflosse	Dunkler Punkt am Ende der 1. Rückenflosse.	Dunkle gepunktete Streifen.
Schwanzflosse	Ohne Punkte.	Dunkle gepunktete Streifen.
Kiemendeckel	Spitz nach hinten auslaufend, mit Dorn.	Spitz nach hinten auslaufend, ohne Dorn.

	Europ. Wels	Zwergwels	Quappe, Rutte
Flossen	Kleine Rückenflosse.	Deutliche Fettflosse zwischen Rücken und Schwanzflosse.	Lange Rückenflosse.
Anzahl Barteln	6 Barteln. Zwei lange am Oberkiefer, vier kürzere am Unterkiefer.	8 Barteln.	Einzelne abstehende kurze Bartel am Unterkiefer. Zwei verlängerte Nasenbrücken am Oberkiefer (nicht mit Barteln verwechseln).

	Nerfling	Frauennerfling
Maulspalte	Größer als bei F-Nerfling.	Unterständig, enge Maulspalte.
Flossen	Bauchflossen schmutzig rot.	Brustflossen, gelborange bis weißliche Färbung.
Schuppen	Kleiner als F-Nerfling.	Größer als N.
Kiemendeckel	Spitz zulaufender Fortsatz am Ende des Kiemendeckels.	Abgerundetes Ende des Kiemendeckels.

Fischkunde **73**

Seltene, stark gefährdete, teilweise verschwundene Fischarten und ihr Lebensraum

Stör	Ost- und Nordseeküste. Steigt zum Laichen in die Flüsse auf.
Sterlet	Zuflüsse zum Schwarzen Meer. Laichzüge in der Donau. Ursprüngliches Vorkommen bis Ulm.
Maifisch	Küsten von Nord- und Ostsee. Schwarmfisch. Laichzüge in die Flüsse.
Finte	Nord, Ostsee bis Mittelmeer. Laichzug in Flussunterläufe.
Zährte (Rußnase)	Donaugebiet, Teile Nord- und Ostseeraum.
Mairenke	Seen und ihre Zuflüsse im Donaugebiet.
Perlfisch	Donaugebiet, tiefe Alpenseen.
Frauennerfling	Donau und Nebenflüsse. Tiefe, schnellfließende Bereiche.
Zope (Pleinzen)	Unterlauf mitteleuropäischer Flüsse. Oder, Donau, Weser, Elbe u.a.
Zobel	Donau und Nebenflüsse.
Zingel, Streber, Schrätzer	Donauraum

Anadrome Fischarten sind besonders gefährdet durch die Verbauung der Flüsse (Kraftwerke, Schleusen), die ihre Wanderwege abschneiden.

Gesetzlicher Schutz der Fische
Deutschland: Bundesartenschutzverordnung (BArtSchV)
Europa: FFH (Flora-Fauna-Habitat)-Richtlinie

Warum bilden Fische Schwärme?

Viele Fische leben vergesellschaftet in kleinen und größeren Schwärmen. Dies dient vor allem:

- dem Schutz vor Feinden
- der Verbesserung des Jagderfolges
- der Aufzucht der Jungbrut

Die Fische ändern im Laufe ihres Lebens ihr Sozialverhalten. Während sie in der Jugend die Gesellschaft anderer Artgenossen suchen, werden sie im Alter zu Einzelgängern.

Typische Schwarmfische

Viele Weißfischarten (z. B. Brachsen, Nasen, Döbel), Renken, Saiblinge, im Meer Heringe, Dorschartige.

Fischkunde

Zuchtformen des Karpfens

Wildkarpfen	Gestreckter Körper, seitlich wenig abgeflacht, gänzlich von mittelgroßen Schuppen bedeckt.

Jahrhundertelange Züchtung hat verschiedene Formen hervorgebracht. Gemeinsame Kennzeichen sind das vorstülpbare rüsselartige Maul mit 4 Barteln am Oberkiefer.

Schuppenkarpfen	Hochrückig, volles Schuppenkleid. Wird oft mit Wildkarpfen verwechselt.
Zeilkarpfen	Eine oder mehrere Reihen von gleichgroßen Schuppen entlang der Seitenlinie.
Spiegelkarpfen	Verschieden große glänzende Schuppen unregelmäßig über die Seite verteilt.
Lederkarpfen	Keine oder nur wenige Schuppen.

Starker Spiegelkarpfen aus einem Angelweiher. Karpfen können leicht 15 kg schwer werden.

Fischkunde

Krebse

Geeignete Krebsgewässer

Stehendes oder fließendes Wasser. Sauerstoffreich, nicht zu viel Kalk, aber pflanzenreich. Weicher Grund (Löcher) und Versteckmöglichkeiten notwendig. Optimale Temperatur zwischen 15–20 °C.

Vorkommende Arten

	Herkunft	Kennzeichen	Länge (Spitze Kopf – Ende Schwanz)
Edelkrebs *Astacus astacus* (L.)	heimisch	Oberseite Schalenpanzer immer einfarbig (rötlich, grün, bläulich) u. ohne Flecken. Gelenkbereich Scheren, Beine, stets auch Unterseite der Scheren: Deutliche Rotfärbung.	Bis 18 cm (Männchen teilweise 25 cm)
Steinkrebs *Austropotamobius torrentium* (Schrank)	heimisch	schmutzig weißer Bauch, dunkle Oberseite, dunkle Scheren.	bis 12 cm
Dohlenkrebs *Austropotamobius pallipes* (Leerboullet)	heimisch, selten	Körper meist ausgeprägt dunkelbraun. Scheren breit und kräftig. Unterseite der Scheren i.d.R. weißlich.	12 cm
Galizischer Sumpfkrebs *Astacus leptodactylus* (Escholtzs)	aus Türkei (um 1920)	Scheren schmal, Antennen länger als Körper.	18 cm
Kamberkrebs *Orconectes limosus* (Rafinesque)	aus Nordamerika (um 1890)	Scheren kleiner als Edelkrebs mit gelben Spitzen.	7–9 selten 13 cm
Signalkrebs *Pacifastacus leniusculus* (Dana)	aus Nordamerika (um 1960)	Grundfärbung ist braun bis olivbraun. Oberseite der Scheren: auffälliger weißer, seltener auch türkisblauer Fleck (Namensgebung), sind wie beim Edelkrebs rot.	12–16 cm
Roter amerikanischer Sumpfkrebs *Procambarus clarkii* (Grard)	aus Nordamerika (Ende 20. Jh.)	Auffallend schlanke Körperform. Der Körper dunkelrot bis schwarz. Scheren und der Brustbereich sind mit leuchtend roten Warzen und Stacheln besetzt. Scherenunterseiten rot.	15 cm

76 Fischkunde

Wachstum

Häutung in unregelmäßigen Zeitabständen um Wachstum zu ermöglichen. Ungeschützter, weicher Krebs wird »Butterkrebs« genannt. Sehr gefährdet gegen Feinde (Aale, Barsche, Mühlkoppen u.a.). Versteckt sich unter Steinen und in kleinen Höhlen. Wachstum während dieser Zeit. Neubildung des Panzers dauert etwa 8–10 Tage.

Unterscheidung Geschlechter

Männchen	»Griffel« auf Bauchseite (Umgewandelte erste 2 Schwimmfußpaare des Hinterleibes) als Begattungorgane.
Weibchen	Ohne »Griffel«, Ende des Kopfbrustteil ist breiter und flacher.

Wollhandkrabbe

Eriocheir sinensis (Milne-Edwards)

Aus China eingeschleppt. Pflanzt sich im Brackwasser fort und dringt dann in die Flüsse vor. In der Elbe kommt sie bis Dresden.
Herkunft des Namens: Scheren der Männchen sind mit dichtem Haarpelz überzogen. Großer Fischereischädling.

Muscheln

Fortpflanzung der meisten Muscheln:
• Eier entwickeln sich innerhalb der Muschel.
• Larven leben einige Zeit parasitisch an Fischkiemen ohne diesen weiter zu schaden.

	Lebensraum	Vorkommen	Bemerkungen
Flußperlmuschel (stark gefährdet)	Kalkarme, saubere strömungsreiche Bäche	Fichtelgebirge, Bayrischer Wald, Lüneburger Heide, Eifel	Bilden Perlen. Wirtsfisch: Bachforelle
Malermuschel	Seen, Teiche, Flüsse	Verbreitet	Wirtsfisch benötigt.
Große Flußmuschel	Flüsse (strömungarm) und Seen	Verbreitet, fehlt im Donaueinzugsgebiet.	Wirtsfisch benötigt.
Kleine Flußmuschel	Saubere Bäche und Flüsse (strömungsreich)	Verbreitet, aber gefährdet durch Gewässerverschmutzung.	Wirtsfisch benötigt.
Große Teichmuschel	Bodenschlamm von Seen, Weihern, Altwässern	Verbreitet	Bildet lokale Formen. Wirtsfisch benötigt.
Entenmuschel	Bodensand, -schlamm. Flüsse und Seen. Langsame Strömung	Verbreitet	Verschiedene Rassen. Wirtsfisch benötigt.

Wichtige Fischnahrung

Pflanzen

Phytoplankton (Pflanzliches Plankton)
Blaualgen, Dinoflagellat, Kieselalgen, Grünalgen.
werden im Süßwasser hauptsächlich von Silber- und Marmorkarpfen aufgenommen.

Einige Karpfenartige (Cypriniden) nehmen teilweise Pflanzen zu sich: Rotfedern, Nasen, u.a. Der Graskarpfen frißt höhere Pflanzen.

Fischnährtiere

Zooplankton (Tierisches Plankton)

Niedere Krebse (Wasserflöhe, Hüpferlinge), Räder- und Wimpertierchen	Vorkommen ist vom pflanzlichen Plankton abhängig. Im Süßwasser eine wichtige Nahrung vor allem für Fischbrut, Jungfische und Maränen.

Wirbellose Tiere

Flohkrebse (Länge bis 2 cm)	Ernähren sich vorwiegend von Tier- und Pflanzenresten. Bevorzugen sauerstoffreiches, kalkhaltiges Wasser. Wichtige Fischnahrung in der Forellenregion.
Wasserasseln	Treten in nährstoffreicheren (eutrophen) Gewässern auf, wo organische, fäulnisfähige Stoffe vorhanden sind. Gute Fischnahrung.
Muscheln	Kleine Muschelarten (Durchmesser 1 bis 2 cm) wie Kugelmuscheln und Erbsenmuscheln werden von Fischen als Nahrung aufgenommen.
Wasserschnecken	Vor allem in pflanzenreichen Gewässern. Gewisse Rolle als Fischnahrung. Vorsicht: Überträger von gefährlichen Fischparasiten (z. B. Wurmstarkrankheit)
Schlammröhrenwürmer	Bewohner des Gewässergrundes. Bei starker Wasserbelastung kann es zur Massenvermehrung kommen. Wichtige Nahrung für Cypriniden.
Egel	Kennzeichen: Ein Saugnapf an jedem Körperende. Leben bevorzugt in mäßig bis stark belasteten Gewässern zwischen und unter Steinen.

Insekten
Die im Wasser lebenden Insektenlarven sind als Fischnahrung von enormer Bedeutung. Auch Fluginsekten werden von den Fischen genommen.

Entwicklungstadien: Ei ⟹ Larve ⟹ (Puppe: bei Köcherfliege, Zweiflügler) ⟹ Fluginsekt (Eintagsfliege: 2 Häutungen)

Fischkunde

	Beinpaare	Flügelpaare	Flügelstellung	Schwänzchen
Eintagsfliegen (Ephemeroptera)	3	2	Senkrecht nach oben zusammengelegt	2 bis 3 (Larve und Fluginsekt)
Köcherfliegen (Trichoptera)	3	2	Zeltartig über dem Abdomen gefaltet	ohne
Steinfliegen (Plecoptera)	3	2	Flach übereinandergelegt über dem Abdomen	Larve: 2 Schwanzborsten, Fluginsekt ohne
Zweiflügler (Diptera)	3	1	Flach, dreiecksartig gespreizt	ohne

Eintagsfliege

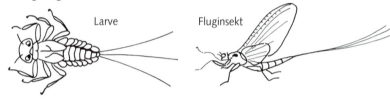

Larve   Fluginsekt

Köcherfliege

Larve   Fluginsekt

Freilebende Köcherfliegenlarve   **Hakenkäfer**

Bachflohkrebs

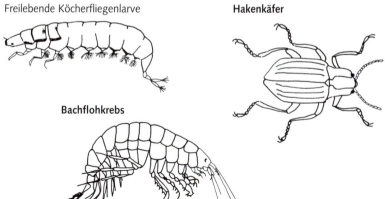

Fischkunde

Eintagsfliegen	Lebenszyklus: Aus der zur Wasseroberfläche strebenden Larve schlüpft die sogenannte »Subimago« (nicht geschlechtsreif). Nach wenigen Stunden kommt es zu einer weiteren Häutung. Die geschlechtsreife »Imago« ist das letzte Stadium. Nach dem Hochzeitsflug und dem Ablegen der Eier auf dem Wasser stirbt das Insekt.
Steinfliegen	Indikator für gute Wasserqualität. In sauberen Gebirgs- und Mittelgebirgsbächen. Larven besitzen zwei Schwanzborsten und 2 Fußkrallen. Kleinere Arten fressen Wasserpflanzen, die größeren ernähren sich von Kleintieren. Kein Puppenstadium bei der Entwicklung. Nymphen kriechen zum Schlüpfen an Wasserpflanzen oder Steinen zur Oberfläche. Ruhendes Fluginsekt trägt Flügel flach übereinandergelegt.
Köcherfliegen	Die meisten Arten schützen ihren weichen Hinterkörper mit einem selbstgebauten Köcher aus Pflanzenteilchen, Sand oder Steinchen. Bekannt als »Sprock«. Ernährung durch Pflanzen und Kleintiere (freilebende Köcherfliegen). Behaarte Flügel sind in ruhender Stellung zeltartig über den Hinterkörper gelegt. Fühlerpaar (Antennen) vorhanden.
Schlammfliegen	Ernähren sich von Kleintieren im Gewässerschlamm. Langer Schwanzfaden. Verpuppung an Land. Schlechter Flieger mit gedrungenem Körper. Unbehaarte Flügel sind ähnlich wie bei Köcherfliegen in ruhender Stellung zeltartig übereinandergelegt. Keine Fühler (Antennen).
Zweiflügler	Kommen in den meisten Gewässern vor. Sehr häufig sind Zuckmücken *(Chironomiden)*. Die Larven leben an Wasserpflanzen und am Gewässerboden. Wichtige Fischnahrung.
Käfer	Sie kommen im Wasser als Larven, Puppen und fertige Käfer vor (z. B. Gelbrandkäfer).
Landinsekten	Käfer, Heuschrecken, Erdschnaken (Langbeiner), Hagedornfliegen u.a. geraten vom Ufer her ins Wasser. An nährstoffarmen Gewässern der Gebirgsregionen können sie als Fischnahrung durchaus eine Rolle spielen.

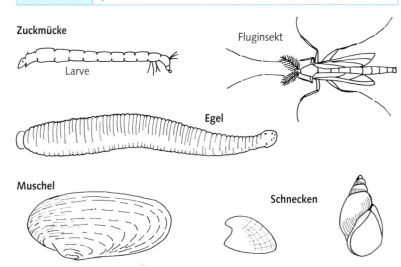

Umweltgefahren für Fische

Maximale Wassertemperatur

Fischart	(in °C)	Fischart	(in °C)
Bachsaibling	25	Barsch, Schleie	30
Bachforelle	27	Rotauge, Elritze	31
Hecht	28	Döbel	36
Regenbogenforelle	29	Karpfen	38

Sauerstoffmangel führte zum Tod dieser Forelle.

Chemische Verbindungen

Folgende Stoffe sind vor allem in Verbindung mit Sauerstoffmangel oder verschobenen pH-Werten fischgiftig.

Ammoniak	Abbauprodukt von Fetten und Eiweiß. Entsteht bei hohen pH-Werten und höherer Wassertemperatur aus relativ ungiftigem Ammonium. ➡ Greift die Schleimhäute von Kiemen und Darm an ➡ Blutungen.
Nitrit	Zwischenprodukt bei der Selbstreinigung des Wassers von Ammoniak zu Nitrat. Bei Sauerstoffmangel im Wasser kann es zu einer Umkehr des Vorgangs kommen: Aus Nitrat wird Nitrit und dann möglicherweise sogar wieder Ammoniak (vom pH-Wert abhängig). ➡ Vergiftungserscheinung: Fische sind apathisch und sterben.
Schwefel-wasserstoffe	Entsteht beim anaeroben (ohne Sauerstoff) Abbau von abgestorbenem Pflanzenmaterial (Faulschlamm). Bei Sauerstoffmangel im Wasser wird Schwefelwasserstoff nicht zu Schwefeldioxid abgebaut. ➡ Vergiftung und Erstickung der Fische.

Eisen	Gelöst im Wasser bei Sauerstoffsättigung unter 50 %, organische Belastung, Kohlendioxid-Überschuss, pH-Wert < 7,5. Möglich in der Tiefenzone von Seen. → Ausflocken von Eisen an Kiemenlamellen der Fische → Erstickung.
Schwermetalle	Ursache: Industrie, Landwirtschaft. Z. B. Arsen, Chrom, Kupfer, Mangan, Nickel, Zink, Quecksilber, Zinn. Körperfunktionen der Fische können sich verändern → Krankheit, Tod.

Gefahr durch Abwässer, Einleitungen

Mineralöle und Benzin
Schwimmt als Film an der Oberfläche. Teile lösen sich im Wasser und werden von Fischen über Kiemen und Schleimhaut aufgenommen → je nach Konzentration tödlich, sonst Schäden an Haut, Flossen, Kiemen sowie inneren Organen möglich.

Insektizide und Herbizide
Verursacher: Land- und Forstwirtschaft. Einsatz gegen unerwünschte Insekten bzw. Pflanzen.
Gefahr durch zu nahes Ausbringen am Gewässer, Auswaschung durch Regen, Reinigung von Spritzgeräten usw. Neben direkter schädlicher Wirkung auf Fische auch Anreicherung von krebserregenden Substanzen im Fischfleisch → menschlicher Verzehr.

Detergenzien/Tenside
In Waschmitteln enthaltene Rückstände kommen über Einleitungen in die Gewässer. Heute i.d.R. durch Kläranlagen gefiltert.

Chlor
Verwendung bei der Trinkwasserherstellung, in Schwimmbädern, Inhaltsstoff in Desinfektionsmitteln und Reinigern. Wird in hohen Konzentrationen in Klärwärken nur teilweise abgebaut. Sehr gefährlich für Fische (Fischsterben).

Cyanid
Salze der Blausäure (Bittermandelgeruch). Verwendung in der chemischen Industrie. Lähmt Zellatmung der Fische.

Silo-, und Mist-Sickersäfte
Hohe Konzentration von Kohlenstoff- und Stickstoffverbindungen, Säuren. Verätzungen von Kiemen und Schleimhäuten möglich.

Jauche und Gülle
Hoher Stickstoff- und Ammonium/Ammoniakgehalt.

Baustellenabwässer
Hohe alkalische Werte (pH-Werte) durch Abwässer bei der Betonaufbereitung. Verstopfung der Kiemen durch feinste Schlämmstoffe.

Fischkrankheiten

Ursachen: Überbesatz und überhöhte Fischbestände. Schwächung des Immunsystems durch Umwelteinflüsse (Gewässerverunreinigung, -versauerung u.ä.).

Betroffene Gewässer: Teichwirtschaften, dicht besetzte Baggerseen u.ä. Gewässer ohne besonderen Wasseraustausch.

Merke

Verbreitung von Krankheiten vor allem durch Besatzmaßnahmen. Die verschiedenen Lebensraumansprüche der Fischarten müssen beachtet werden.

Erkennbare allgemeine Krankheitssymptome

Körperteil	Merkmale, Symptome
Haut	Änderung der natürlichen Färbung, Trübung, Blasen, abgesträubte Schuppen, Geschwüre, schwarze Flecken, Blutungen, Verpilzungen, Parasiten usw.
Augen	Glotzaugen, Hornhauttrübung u.ä.
Kiemen	Verfärbung, Schwellung, Blutung, Verschleimung.
Muskulatur	Geschwüre, Blutungen, Cysten.
Leibeshöhle	Flüssigkeitsansammlung, Blutungen, übermäßige Verfettung, Parasiten.
Magen-Darm Kanal	Ansammlung von Flüssigkeit, Entzündungen, gelblicher Kot, schleimiger Inhalt, Würmer.
Schwimmblase	Flüssigkeit, Blutungen, Würmer.
Leber	Verfärbung, Blutungen, Cysten.
Niere	Verdickungen, Graufärbungen, Nierensteine.

Verhalten: Absonderung von Artgenossen, verminderter Fluchtreflex, schneller oder langsamer Atem, schnelle, langsame oder ruckartige Schwimmbewegungen, Orientierungslosigkeit, Lähmungserscheinungen, Drehbewegungen.

Was ist zu tun bei Krankheitssymptomen?

Fische auf keinen Fall zum Verzehr bereitstellen.

Fischen einsenden
- An Tiergesundheitsdienste der Länder.
  (Fische eisgekühlt und einzeln verpacken (Pergamentpapier, Alufolie)).

Fischkrankheiten **83**

Viruskrankheiten

Bezeichnung/ befallene Fischart	Symptome	Ursache/Bemerkungen
Infektiöse hämatopoetische Nekrose (IHN) Regenbogenforellen (Brut, Setzlinge)	Dunkle Färbung, Glotzaugen, Blutungen an Rücken und Flossen, helle Kiemen.	Virus
Forellenseuche (Virale Hämorrhagische Septikämie, VHS) Salmoniden und Hechte	Glotzaugen, Dunkelfärbung, Blutungen in den Augen und Muskulatur, helle blutleere Kiemen, Neigung zu taumelnden Drehbewegungen. Gelbliche Leber. Kommaförmige Blutergüsse im Gewebe.	Virus Aufnahme des Erregers über die Kiemen. Verluste bis zu 60 % in allen Altersklassen. Auftreten vor allem in der kalten Jahreszeit.
Infektiöse Pankreasnekrose (IPN) Salmoniden-Brut und -Jungfische (5–6 Monate)	Schleim im Magen und Darm, starke Aufschwellung des Bauches. Krampfartige Schwimmbewegungen.	Virus Hohe Verluste möglich. Schwierige Diagnose. Laboruntersuchungen notwendig.
Frühlingsvirämie (Infektiöse Bauchwassersucht) Bezeichnung für verschiedene komplexe Krankheitsarten. Fischart: Cypriniden (Karpfenartige)	Akute Form: Fische stehen direkt unter der Wasseroberfläche. Glotzaugen, vorgestülpter After, ausgefranste Flossen, blasse Kiemen. Leibeshöhle ist mit Flüssigkeit angefüllt und aufgebläht. Blutungen an der Schwimmblasenwand, entzündeter Darm. Auftreten der Krankheit vorwiegend bei Wassertemperaturen zwischen 16 und 17 °C im Frühjahr. Bei stärkerer Erwärmung über 20° im Sommer nachlassend.	Virus Infektionsquelle: Kranke und tote Fische. Übertragung durch Außenparasiten (Karpfenläuse, Egel).
Pockenepitheliom Fischart: Cypriniden	Oberhautwucherungen die das Wachstum verlangsamen. Stecknadelgroße , harte, milchige Hautverdickungen. Zuerst an Flossen, dann sich weiter ausbreitend.	Virus
Blumenkohlkrankheit Fischart: Aal	Wucherungen in der Maulregion.	Virus
Ulcerative Dermalnekrose (UND) Fischart: Salmoniden	Verpilzungen, vor allem zur Laichzeit.	Virus Verlauf meist tödlich.

Bakterienkrankheiten

Bezeichnung/ befallene Fischart	Symptome	Ursache/Bemerkungen
Chronische Bauchwassersucht: auch als Erythrodermatitis (ED Carp Erythrodermatitis, CE) bezeichnet.	Ähnliche Symptome wie bei akuter Form (s.o.), aber i.d.R. ohne Aufblähung, aber starke verpilzte Geschwüre an Rücken und Seiten.	Bakterien
Furunkulose Fischart: Forellen (insbesondere Regenbogenforellen)	Eitrige Hautgeschwüre, Blutungen an Flossenansätzen, vorgestülpter After, Darmentzündung, Milzvergrößerung. Bei Fischbrut auch ohne sichtbare Symptome.	Bakterien Auftreten vor allem in der warmen Jahreszeit.
Rotmaulseuche (ERM) Fischart: Forellen	Blutungen in Kopfhaut und im Maulinneren.	Bakterien
Bakterielle Kiemenschwellung (BK) Vorwiegend junge Salmoniden	Abspreizen der Kiemendeckel. Vergrößerte, verschleimte Kiemenlamellen. Zum Teil miteinander »verschmolzen«. Folge: Sauerstoffaufnahme gestört.	Bakterien in Verbindung mit schlechten Wasserverhältnissen.
Rotseuche Fischart: Aale	Blutungen in der Haut, besonders in der Aftergegend.	Bakterien
Fleckenseuche Hechte (Hechtpest), Weißfische, Renkenartige, Zander und Barsch	Rötliche, fleckige Verfärbungen der Haut. Ablösung der Schuppen, Geschwürbildung. Schwanz zerfasert, After vorgestülpt. Gelb verfärbte Leber mit punktförmigen Blutungen.	Pseudomonas und Aeromonas Bakterien (in Verbindung mit Laichstress)
Flossenfäule Fischarten: Alle Süßwasserfischarten	Schwere Entzündungen insbesondere an der Schwanzflosse. Mitunter bleibt nur ein blutiger Schwanzstumpf übrig.	Bakterien

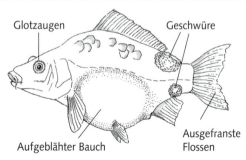

Karpfen mit Bauchwassersucht

Glotzaugen

Geschwüre

Aufgeblähter Bauch

Ausgefranste Flossen

Pilzkrankheiten

Bezeichnung/ befallene Fischart	Symptome	Ursache/Bemerkungen
Fisch- oder Wasserschimmel Alle Fischarten	Wattebauschartige, grauweiße Verpilzungen auf der Fischhaut.	Saprolegnia Pilz Befall i.d.R. nur falls die schützende Schleimschicht bzw. die Oberhaut verletzt ist. Folge von Biss- oder Stichwunden sowie anderen mechanischen Verletzungen, sowie Einwirkung von Temperatur oder Abwasser.
Krebspest[1] Arten: Krebse	Tiere machen matten Eindruck. Keine Abwehrstellung. Panzer weich und brüchig. Gliedmaßen fehlen. Tote Krebse zeigen wattebauschartige Pilzauflagerungen an Gelenkhäuten.	Pilze *(Aphanomyces astaci)* Infektion durch kranke und tote einheimische Krebsarten, sowie resistente nichteinheimische Krebse.

[1] Die Krankheit wurde bereits um 1900 durch die Einfuhr amerikanischer Krebse eingeschleppt. Diese gelten als gegen die Krebspest resitent, übertragen aber die Erreger.

Andere Krankheiten: Brandfleckenkrankheit (Pilz), Porzellankrankheit (Mikrosporidien). Befall durch Krebsegel (Branchiobdella varians).

Parasiten

Parasiten (Schmarotzer) leben auf Haut und Kiemen oder in den inneren Organen eines Wirtes (Fisch). Sehr kleine Schmarotzer sind mit bloßem Auge nicht sichtbar (Drehkrankheit, Grießkörnchenkrankheit)

Urtierkrankheiten/ befallene Fischarten	Sichtbare Merkmale	Ursache/Bemerkungen
Grießkörnchenkrankheit Fischarten: Alle einheimischen Süßwasserarten.	Kleine helle Flecken in der Haut. Vorsicht: Verwechslungsgefahr mit Laichausschlag mancher Karpfenartiger (Cypriniden). Auch Kiemen werden befallen.	Wimperntierchen *(Ichthyophthirius multifiliis)*; Größe ca. 1 mm. Bei starkem Fischbesatz hohe Verluste möglich.

86 Fischkrankheiten

Wurmkrankheiten	Sichtbare Merkmale	Beschreibung
Drehkrankheit Forelle, hauptsächlich im Jugendstadium.	Verkrümmte Wirbelsäule, schwarz gefärbte Schwanz-partie. Bewegungsstörungen, verusacht durch Sporen im Gleichgewichtsorgan.	Einzellige Sporentierchen
Schwimmblasenent-zündung (SBE)		Einzellige Myxosporidien
Kratzer *(Acanthocaphala)* Meist bei Forellen (offene Gewässer).	Weißlichgelbe, ungegliederte, bis 1 cm lange Würmer, die fest im Darm verankert sind.	Eier verbreiten sich über Fisch-kot. Larven der Kratzer in Bachflohkrebsen oder Schlammfliegenlarven. Fische fressen diese Zwischenwirte und nehmen die Larven auf. Im Darm entwickeln sie sich wieder bis zur Geschlechtsreife.
Riemenwurm *(Ligula)*	Sehr auffällige Würmer in der Bauchhöhle.	Bis zu 10 Larven pro Fisch.
Fischbandwurm *(Diphyllobthrium latum)* *Kopfabschnitt eines Fischbandwurms (hier: Nelkenkopfbandwurm*		Größter Bandwurm beim Menschen (Endwirt) im Darm (bis 12 m lang). Besonders für Kinder gefährlich. Übertragung der Finnen durch Verzehr von rohem Fischfleisch, -leber und -rogen. In Deutschland selten. Im nordrussischen Raum und Karelien recht häufig. Zwi-schenwirte: Aal, Aalrutte, Bachforelle, Barsch, Hecht, Lachs. Fischfleisch mindestens auf 60° erhitzen, um Finnen abzutöten.
Hechtbandwurm *(Triaenophorus)*		Bandwurm 1. Zwischenwirte sind Klein-krebse, 2. Zwischenwirte: Salmoniden und Barsche. Geschlechtsreife im Darm des Hechtes (Endwirt). Ungefähr-lich für Menschen.

Merke

Verbreitung von Bandwürmern wird durch Verfüttern von Fischeingeweiden an Fische und Vögel (Zwischenwirt!) gefördert. Durch Schwächung des Immunsystems der Fische kann es zu Sekundärkrankheiten (Infektionen) kommen. Minderwachs-tum bei starkbefallenen Fischen.

Fischkrankheiten 87

Befall mit Egeln	Sichtbare Merkmale	Beschreibung
Fischegel *(Piscicola geometra)*	Sitzt mittels zwei Saugnäpfen äußerlich am Wirt. Kleinere Wunden möglich. Bakterien- oder Pilzinfektionen über Wunden möglich.	Blutsaugender Außenparasit. Starker Befall führt zu größeren Schädigungen.

Krebstierkrankheiten/ befallene Fischarten	Sichtbare Merkmale	Ursache/Bemerkungen
Karpfenlaus *(Argulus)*	Sitzt außen am Körper.	Gefährlicher Hautparasit. Größe: 6–7 mm. Oft massenhaft auf Karpfen. Saugt Blut und Gewebesaft. Durchbohrt mit einem stilettartigen Stachel die Fischhaut. Einstichstellen sind Ausgangspunkt von Sekundärinfektionen.
Kiemenkrebs *(Ergasilus sieboldi)* Vorwiegend junge Schleien, aber auch Hechte, Barsche, weniger Karpfen und Forellen.	Befällt Kiemengewebe. Typische Blaufärbung im Vorderteil. Krebse als ovale Punkte sichtbar. Abmagern der Fische.	Parasitierender Kleinkrebs. Stärkeres Auftreten in den Sommermonaten. Entwicklung von zwei Generationen. Kann zum Tod führen.

Umweltbedingte Gesundheitsstörungen

	Sichtbare Merkmale	Ursache/Bemerkungen
Sauerstoffmangel	Fische kommen zur Notatmung an die Oberfläche.	Überangebot von organischen, fäulnisfähigen Stoffen.
Sauerstoffüberschuss ➡ **Gasblasenkrankheit**	Der plötzliche Gasdruckabfall führt zu Gasausscheidungen aus dem Blut der Fische ins Gewebe. Äußere Kennzeichen: Kleine Bläschen am Kopf und an den Flossen, die Augen treten hervor. Gleichgewichtsstörungen, Schreckhaftigkeit, Notatmung.	Im Blut herrscht gleicher Gasdruck wie im Wasser. Sinkt der Luftdruck (Wetterumschwung) entweicht überschüssiger Sauerstoff und Stickstoff.

Fischsterben

- Einleitung schädlicher Stoffe, Sauerstoffmangel: Alle Fischarten sterben schlagartig und gleichzeitig.
- Krankheiten: Schleichender Tod, betroffen sind oft nur eine oder verwandte Fischarten.

Vorgehen bei einem Fischsterben

Tatbestand: In einem Gewässer oder Gewässerabschnitt werden tote Fische in größerer Anzahl gefunden. Indizien: Veränderung an Haut, Kiemen, Kiemendeckeln, Augen, Flossen, Maul.

1. Sofortige Benachrichtigung der Polizei oder Verwaltungsbehörde (§ 46 FischG).
2. Beweissicherung durch Fischereiausübungsberechtigten.

- Wasserproben entnehmen (Geeignet: 2 Liter-Glasflaschen).
- Oberhalb der vermuteten Einleitungsstelle, um Oberlieger zu entlasten. Unterhalb der vermuteten Einleitungsstelle, um Verusacher zu ermitteln. Weitere Proben in Abständen flussabwärts um das Ausmaß der Einleitung festzustellen.
- Zeugen bei Probenentnahme: wenn möglich Beamter (z. B. Lehrer).

Achtung! Fischsterben sind anzeigepflichtig!

Beweisstützung durch:
- Fotos über die gesamte betroffene Gewässerstrecke und oberhalb davon.
- Schriftliche Notizen der gemachten Beobachtungen für die Ermittlungsbehörden.

Wie verhalten sich Fische bei einem drohenden Fischsterben?

- Schnellere oder langsamere Atmung
- Spei- und Schluckbewegungen
- Nervosität oder Lethargie
- Unnormale Schwimmbewegungen
- Gleichgewichtsstörungen
- Lähmungserscheinungen

Was macht man mit den toten Fischen?

- Bei Auftreten **einzelner** toter Fische (mögliches Anzeichen für Fischseuche): einsenden an den Fischgesundheitsdienst des jeweiligen Bundeslandes.
- Aufräumungsarbeiten bei größerem Fischsterben: Tote Fische werden durch den Landkreis entsorgt.

Fischhege

Eine vernünftige, sinnvolle Fischbestandshege hängt eng mit dem Zustand eines Gewässers zusammen.

Viele Strukturen ➡ Viele Fische

Wenig Strukturen ➡ Wenig Fische

Zustand eines Fließgewässers

Negativ	• Schlechte Wasserqualität • Querverbannungen (Wehre, Staudämme) • Gleichförmiges, kanalisiertes Fließbett ohne Strukturen am Gewässergrund. • Begradigte Ufer ohne Bewuchs.
Positiv	• Gute Wasserqualität • Unterschiedliches Fließbett, windungsreiches (mäandrierendes) Gewässer mit unterschiedlichen Strömungsbereichen und Tiefenausformungen. Rauschen, Kolke, Untergrund wechselnd: Kies, Sand. • Abwechslungsreiche Pflanzengesellschaften im Wasser und am Ufer (Erlen, Weiden, verschiedene Stauden).

Unterschiedlicher Zustand eines Bachlaufes:

	Mäandrierender Bach (positive Bedingungen)	Begradigter Bach (schlechte Bedingungen)
Wasserableitung	Schonend durch schnelle und langsame Strömungspartien. Abwechselnd sind Stromrinnen und Flachzonen vorhanden. Steine, Kies und Totholz kann sich am Boden halten.	Bei Niedrigwasser zu langsam ➡ Versandung von Laichplätzen. Bei Hochwasser zu schnell ➡ Ausräumung und Abtransport des Bodenbelags und der Kleinflora und -fauna. Vernichtung von Laichplätzen.

Fischhege

	Mäandrierender Bach (positive Bedingungen)	Begradigter Bach (schlechte Bedingungen)
Selbstreinigung	Sehr gut durch optimalen Kontakt des turbulent strömenden Wassers an den mit Bakterien und Algen bewachsenen Strukturoberflächen.	Schlecht wegen Gefahr von Sauerstoffdefiziten. Wenig Oberfläche bedeutet wenig reinigende Elemente. Notwendige Abbauprozesse sind gestört.
Lebensbedingungen für Pflanzen und Tiere:	Vielfältig. Verschiedene Pflanzen und Tiere durch unterschiedliche Lebensräume.	Gleichförmig. Nur wenige Arten können sich ansiedeln.

Vorbildlich vom Wasserwirtschaftsamt renaturierter Bachabschnitt (Krumbach bei Amberg/Opf) mit Mäandern und Ufergehölzen.

Wenige Meter bachabwärts standen die Interessen einer maschinell orientierten Landwirtschaft im Vordergrund.

Fischhege

Vom Wasserwirtschaftsamt Amberg/Opf. umgestaltete Wehranlage am Regen bei Nittenau. Hier können die Fische wieder aufsteigen.

Für stromaufwärts ziehende Fische unüberwindbares Wehr an der Naab in Schwarzenfeld/Opf.

Warum sollen Fließgewässer »durchgängig« sein?

- Viele Fischarten ziehen flussaufwärts in die jeweiligen Laichgebiete (Lachs, Bachforelle, Nase usw.) oder machen z. B. Winterwanderungen zu stilleren und tieferen Überwinterungseinständen in Gewässern.
- Viele Wehre in kurzen Abständen verlangsamen die Fließgeschwindigkeit: Der Gewässergrund verschlammt aufgrund einer erhöhten Sedimentation und z. B. Kieslaichgründe gehen verloren. Das Gewässer erwärmt sich und hat einen geringeren Sauerstoffgehalt. Es gibt kaum Strukturen im Gewässer und damit wenig Unterstände für Fische.

- »Fischnährtiere« (Insektenlarven) wandern im strömungsarmen bis -freien Grundbereich stromaufwärts.
- Höhenunterschiede an Wehren und Schwellen sind zwar oft nicht größer als 0,25–0,3 m. Aber Kleinfische (z. B. Mühlkoppe) können teilweise nur 0,10 m überwinden. Unterhalb der Hindernisse soll die Wassertiefe mindestens 0,3 m betragen.

Ökologische Anlage eines Baggersees

Angelegt wurden:	Folge:
• flache Uferzonen. • eine buchtenreiche Uferlinie. • Inseln und Halbinseln. • abgetrennte oder über flache Kanäle mit dem Hauptwasser verbundene Nebengewässer.	Hohe Nährstoffproduktion in den Flachbereichen durch Sonneneinstrahlung. Erhöhter Pflanzenwuchs gut für Eiablage und als Schutzzone für Jungfische. Durch Uferbewuchs entsteht Lebens- und Brutraum für unterschiedliche Insekten- und Vogelarten.

Flach gestaltete Uferzonen in einem Baggersee bilden Laich- und Brutzonen für viele Tierarten.

Besatzmaßnahmen

Künstlicher Besatz ist möglich (notwendig) bei:

- eingeschränkter natürlicher Reproduktion, durch fehlende Voraussetzungen im Gewässer.
- Fischsterben oder einer bestandsschädigenden Krankheit.
- Nach Renaturierung von Gewässern.
- Erstbesiedelung von Gewässern, z. B. Baggerseen (Laichverschleppung durch Vögel dauert zu lange) teilweise auch Talsperren.
- Vernichtung von Laichplätzen.
- Unterbindung der Fischwanderung (Querverbauungen).

Was ist vor künstlichem Fischbesatz zu bedenken?

- Er darf sich nicht nur an Anglerwünschen orientieren.
- Er ist bei Kormoran oder Gänsesägerfraß problematisch, solange sich die räuberischen Vogelarten nicht in einem ökologischen Gleichgewicht befinden.

Vorschläge zum Fischbesatz in Fließgewässern

Fischart	Alter	Stückzahl / ha	Bemerkungen
Aal	Satzaal,	100–300	Barben-/Brachsenregion
	Glasaal	30–120	meist jährlich
Äsche	einsömmerig	800–3000	nicht jährlich
	Laichfische	150–200	einmalig, flächenunabhängig
Bachforelle	vorgestreckte Brut	4000–10000	bevorzugt Nebenbäche.
	vorgestreckte Brut	1 Brütling/Ufermeter	beidufrig im Hauptgewässer
	Einsömmerig	400–1000	Hauptgewässer
Barbe	Laichfische	100–200	ein- bis zweimal, flächenunabhängig
Hecht	vorgestreckt (3–7 cm)	10–100	nicht jährlich
Karpfen	einsömmerig	50–100	
	zweisömmerig	25–50	
Schleie	zweisömmerig	80–120	meist nur als Erstbesatz
Wels	einsömmerig	10–50	für Kanäle
	Laichfische	2–3	einmalig, auf 10 ha max. 50 Stück
Zander	vorgestreckt	50–200	nicht jährlich
	einsömmerig	20–60	nicht jährlich
	Laichfische	2–4	einmalig
Krebse	Sömmerlinge	2–3 Stück je m	Geschlechterverhältnis: 2 Weibchen auf ein Männchen

Fischhege

Besatzfische sollten so klein wie möglich sein. Die Ausfälle sind zwar hoch, aber die Fische die übrig bleiben sind gesund und widerstandsfähig.

Wichtige Grundregeln für den Besatz mit Fischen

Die meisten Fische so jung wie möglich einsetzen. Wegen größerer Ausfälle sind aber höhere Besatzzahlen notwendig. Die Überlebenden haben sich den vorherrschenden Umweltbedingungen gut angepasst.
Voraussetzung: Vorhandene »Kinderstuben« (Flachzonen, Krautbetten, Äste etc.) für Fische.

Achtung! Wegen des niedrigen pH-Wertes keine Brut kurz nach der Schneeschmelze in saure Gewässer einsetzen.

Überlebensrate bei Forellenwildlingen

Frisch geschlüpft	1000
Alter 3 Monate	250
Ende 1. Lebensjahr	125
2.	75
3.	30
4.	9
5.	5

Merke

Von 1000 geschlüpften Forellen leben nach 5 Jahren noch 5!

Fischhege **95**

Fischtransport und Aussetzen der Fische

Unsachgemäße Behandlung bietet Gefahr der Verletzung der Oberhaut der Fische
➟ Verpilzung.

Wichtig:
- Glatte Innenseiten der Transportbehälter.
- Fische müssen ausgenüchtert (leerer Darm) sein.
- Genügend Sauerstoffzufuhr (Pumpe) gewährleisten. Brut wird auch in mit Sauerstoff aufgepumpten und dicht abgeschlossenen Plastiktüten transportiert.
- Nicht zuviele Fische in einem Behälter transportieren.
- Langsamen Temperaturausgleich durch maßvolles Zugeben von Wasser aus dem zu besetzenden Gewässer vor Umsetzen ins Gewässer durchführen.
- Langsame Anpassung auch bei chemisch unterschiedlichem Wasser erforderlich. Z. B. wenn die Fische aus einem Wasser mit niedrigem pH-Wert in eines mit einem hohen pH-Wert umgesetzt werden.

Worauf ist bei der Übernahme von Satzfischen zu achten?

• Parasiten	➟ Sichtbarer Befall auf Kiemen und Haut.
• Hautbeschädigungen	➟ Mechanische Verletzung, Einfluss von Chemikalien.
• Watteartiger Hautbeläge	➟ Hinweis auf Pilzbefall von Wundstellen.
• Hauttrübungen (weißlicher Belag)	➟ Schleimabsonderung durch Temperaturschock oder Kontakt mit Chemikalien. Auch Parasitenbefall möglich.

Wann wird ein Elektrofischen durchgeführt?

- Fang von Elterntieren zur Gewinnnung von Brutmaterial.
- Abfischen von Gewässern vor mechanischen Maßnahmen (Baggerarbeiten, Trockenlegen von Turbinengräben, Kanälen etc.).
- Fischzählungen, Bestandsregulierungen, Bestandserhebungen und -bergungen, Beweissicherungen oder Laichfischfänge.

Durchführung eines Elektrofischen

In der Regel vom Boot beziehungsweise durch Waten.

Technische Geräte:
- Benzingetriebenes Elektroaggregat (auf dem Boot oder Einmann-Gerät), Kathode (Minuspol) hängt ins Wasser.
- Mit dem E-Gerät verbundener Kescher mit Anode (Pluspol), 1 Mann Bedienung.

Fischhege

Technischer Vorgang
Befindet sich die Kathode im Wasser, schließt sich der Stromkreis (Gleich- oder Impulsstrom bis 500 V), sobald der Kescher (Anode) in das Wasser getaucht wird. Die Fische werden durch einen Leitstrom an den Kescher gezogen und betäubt.

Sicherheitsbestimmungen
Der Kescher muss eine »Totmannschaltung« besitzen (d.h. der Strom fließt nur, solange der Bediener einen Einschaltknopf gedrückt hält)
Alle im Wasser befindlichen Personen müssen als Schutz gegen den Strom lange **Gummi**stiefel oder eine **Gummi**wathose tragen.

> **Achtung!** Das Elektrofischen ist unter Fachleuten nicht unumstritten. Ob es für die Fische wirklich unschädlich ist wurde noch nicht vollends geklärt. Spannung und Stromstärke muss richtig aufeinander abgestimmt sein.

Folgende Papiere sind für die Ausübung der Elektrofischerei i.d.R. notwendig:
- Berechtigungsschein: Von der zuständigen Behörde (z. B. Kreisverwaltungsbehörde) ausgestellt.
- Jahresfischereischein: Führt der Bediener der Anode (Kescher) mit sich.
- Zulassungsschein: E-Gerät (TÜV-geprüft)
- Bedienungsschein: Bediener der E-Geräts.
- Haftpflichtversicherung

Bestandsaufnahme durch Elektrofischen. Aufsicht führt hier der zuständige Fachberater für Fischerei.

Fauna und Flora am Wasser

Säugetiere

Tierart Erscheinungsbild	Lebensraum	Nahrung	Gefahren für Fischbestand
Vegetarische Lebensweise			
Bisam[1] Bis 30 cm Länge, Schwanz seitlich abgeflacht, meist dunkelbraun.	Herkunft Nordamerika, in Europa eingebürgert, weit verbreitet.	Vorwiegend vegetarisch.	Schäden an Fischteichen durch Grabgänge in Dämmen.
Biber Bis 100 cm (o. Schwanz), bis 30 kg, Körper: dunkel – hellbraun, breites flaches Schwanzruder, Schwimmhäute zwischen den Zehen.	Fließ- und Stillgewässer aller Größen. Gehölznähe wichtig. Auwälder ideal.	Nur Pflanzen.	Keine
Nutria[2] Biberratte, Sumpfbiber Bis 50 cm (o. Schwanz) ähnlich Biber, aber runder langer Schwanz. Körper: Rot-graubraun.	Herkunft Südamerika, bei uns ausgewilderte Tiere aus Pelzfarmen.	Pflanzen, gelegentlich Muscheln, Schnecken.	Keine
Räuberische Lebensweise			
Otter[3] 70–90 cm Länge, 7–12 kg, Kräftige marderartige Gestalt, Oberseite: dunkelgrau-braun. Runder Schwanz.	Gewässernähe, in Deutschland selten.	Fisch, Bisam, Wasserratten, Krebse.	Keine. Lokale Schäden in Fischzuchtanstalten.
Mink (amerikanischer Nerz) 35–40 cm Länge, bräunliche Färbung, weisse Kinnspitze, kurze Ohren, gedrungener Körper.	Herkunft Nordamerika, teilweise durch Flüchtlinge aus Pelztierfarmen ausgewildert. Gewässernähe.	Fische (Winter), Wasservögel, Bodenbrüter, Eier.	Lokales Auftreten (z. B. Ostbayern), aggressiver Fischräuber.
Wasserspitzmaus Rüsselartige Schnauze, Körperoberseite dunkelbraun bis schwarz, Unterseite weißlich.	Vor allem in der Nähe von Gebirgsbächen und Seen.	Kleinkrebse, Kleinfische.	Keine

Fortsetzung Seite 99

98 Fauna und Flora am Wasser

Fischotter sind verspielte Tiere.

Kormorane stellen an vielen Gewässern ein ernste Bedrohung für viele Fischarten dar.

Typisches Flugbild: Graureiher fliegen mit gekrümmten Hals.

Vögel

Tierart Erscheinungsbild	Lebensraum	Nahrung	Gefahren für Fische
Eisvogel Singvogelgröße, blaugrün schillernd.	Klare Gewässer.	Kleinfische, Insekten.	Keine Gefährdung.
Kormoran Etwa Gansgröße, Schwarz, Weißer Kopf, Haken-schnabel, Schwimmhäute. Flugbild: Keil- und Linien-formation.	Größere Gewäs-ser, Küste, im Winter auch an kleinen Gewäs-sern.	Fische	Bei häufigem und zahlenmäßig hohem Auftreten schädlich durch hohen Nah-rungsbedarf. Teilweise Abschuss, Vergrä-mung.
Lachmöwe[4] Taubengröße, hellgrauer Rücken sonst weiß, Brut-kleid: schwarzer Kopf.	Küste, auch im Binnenland an größeren Ge-wässern verbrei-tet. Auf Müll-plätzen.	Breites Nah-rungsspektrum.	Keine direkte Gefähr-dung für Fische. (Bei hohen Popula-tionszahlen Verdrän-gung seltener Vogel-arten, Überträger von Salmonellen)
Grau- oder Fischreiher[4] Graue Ober-, weiße Un-terseite, Schnabel und Auge gelb, gekrümmter Hals im Flug.	Weiher- und Seen, größere und kleinere Fließgewässer.	Amphibien, Mäuse, Fische (größere werden teilweise nur an-gestochen)	Lokale Schäden an Fischteichen und Kleingewässern bei zahlenmäßig hohem Auftreten (vor allem im Winter). Gegen-maßnahmen: be-grenzter Abschuss, Vergrämung, Schutz der Anlagen.
Fischadler Spannweite bis 180cm. Weißer Kopf, schwarze Augenbinde, hellweißer Bauch. Im Flug Flügel deutlich angewinkelt.	Östliches und nördliches Europa. Umherstreifend. Immer in Was-sernähe.	Fische	Keine Gefährdung.
Gänsesäger[4] Schlanker, roter Schnabel mit gesägten Kanten, hakenförmige Spitze. Kopf und Hals sind im Flug extrem gerade nach vorne gestreckt.	Skandinavien Ostseeraum, Alpen.	Fische	Möglicherweise lokale Schäden (z. B. Äschen in Alpenflüssen).

[1] Bekämpfung: Je nach Bundesland verschiedene Verordnungen.
[2] darf das ganze Jahr über bejagt werden.
[3] unterliegt dem Jagdrecht, ganzjährig geschont. Stark gefährdet.
[4] unterliegen dem Jagdrecht.

Amphibien

Definition von Amphibien: Im Wasser und an Land lebende Tiere. Dazu gehören: Salamander und Molche, Olme, Krötenfrösche, Kröten, Scheibenzüngler, Schlammtaucher, Frösche, Laubfrösche.

Kennzeichen: Wechselwarme Tiere, Laichvorgang im Wasser, weitgehende Prägung der Jungtiere auf ihr Geburtsgewässer (sie kehren zum Laichen dorthin zurück), Laichzeit i.d.R. April – Juni.
Ernährung aller Amphibien ist sehr ähnlich: Insekten, Spinnen, Würmer, manche Arten verschmähen auch Fischbrut nicht.

Hier einige der Arten, welchen der Angler durchaus am Wasser begegnen kann.

Grundsätzliche Unterscheidungsmerkmale:

Amphibien ohne Schwanz:	Frösche:	Haut glatt.
	Kröten:	Haut warzig, heller Bauch.
	Unken:	Schwarzblauer Bauch mit roten und gelben Flecken.
Amphibien mit Schwanz:	Wassermolche (Molche):	Schwanz abgeplattet.
	Landmolche (Salamander):	Schwanz rund.

Froschlurche	Lebensraum	Erscheinung	Größe	Fortpflanzung
Grasfrosch	Feuchte Wiesen, Wälder, Moore, Gärten.	Tarnfärbung: braungelb, schwarze Flecken. Auffälliger dunkler Fleck im Bereich des Trommelfells.	6 – 10 cm	Große Laichklumpen, dunkelbraune Larven mit goldgelben Tupfen.
Wasserfrosch	Uferbereich der Gewässer.	Dunkle und gelblichbräunliche Flecken auf grünem Grund. Gelber Längsstreifen am Rückgrat.	6 – 9 cm	bis zu 10000 Eier in mehreren Klumpen. Große Larven (Kaulquappen).
Erdkröte	Gärten, Wiesen, Felder, Gebüsche und Steinhaufen.	Gelblich-grün bis graubraun, dunkle Flecken möglich. Achtung: Giftdrüsen können Augenentzündungen hervorrufen. Hände waschen!	8 – 15 cm	Laich in Schnüren, kleine schwarze Larven.
Gelbbauchunke	Kiesgruben, Auentümpel, Waldwegtümpel.	Flacher Körper mit stacheligen Warzen. Oberseite braungrau, Unterseite auffällig gelb und blaugrau gefleckt.	3 – 5 cm	Laich in kleinen Klumpen.

Fauna und Flora am Wasser 101

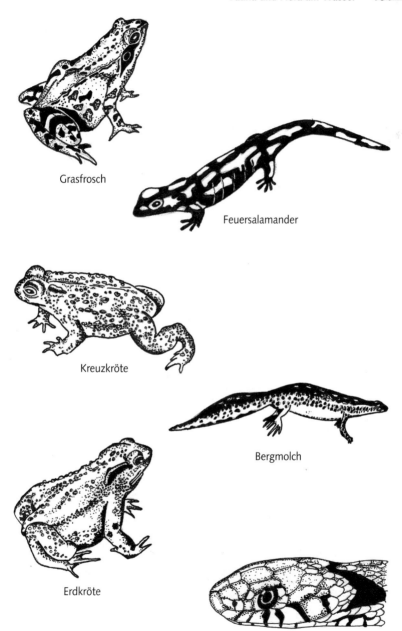

Grasfrosch
Feuersalamander
Kreuzkröte
Bergmolch
Erdkröte
Ringelnatter

Fauna und Flora am Wasser

Schwanzlurche	Lebensraum	Erscheinung	Größe
Feuer-salamander	Uferbereich der Gewässer, unter Wurzeln, Steinen.	Körper schwarz mit mit unregelmäßigen, leuchtend gelben Flecken.	15–28 cm
Kammmolch	Flache, stehende, langsam fließende, pflanzenreiche Gewässer.	Braun-schwarze Oberseite, dunkel gefleckt. Bauch: leuchtend orange mit schwarzen Flecken.	14–16 cm
Teichmolch	Wie Kammmolch	Gelbbrauner Rücken, Hals und Bauch orangerot und schwarz gefleckt.	8–11 cm
Bergmolch	Vorzugsweise Laub-wälder des Berg- und Hügellands. Gewäs-sernähe.	Rücken graublau marmoriert, bauchseitig orange leuch-tend.	9–11 cm

Reptilien

Schlangen	Lebensraum	Erscheinung	Giftig-Ungiftig
Würfelnatter	In der Eifel, Hunsrück und Taunus. An und im Wasser. Ernährung: vorwiegend Fische.	Langgestreckter Kopf, oliv-hellbraune Grundfärbung, gelbe oder rötliche Bauch-seite. Dunkelbraune wür-felförmige Musterung auf Rücken und Bauch.	Für den Men-schen harmlos. Ungiftig!
Ringelnatter	Weit verbreitet. Ernährung: Frösche, Molche, kleine Fische.	Rücken meist grau, auffälli-ge, helle, halbkreisförmige Flecken am Hinterkopf. Bis 130 cm lang.	Für den Men-schen harmlos. Ungiftig!
Kreuzotter	Außer Rhein-Main Ge-biet weite Verbreitung in Deutschland. Nicht bewirtschaftete Flächen. Sonnt sich gerne. Ernährung: vor-wiegend Mäuse.	Braun bis rötlichbraun, auch grau. Deutliches Zick-Zackmuster auf Rücken.	Giftig! Bei Biss sofort Arzt aufsuchen.

Auwald

Auwald-Reste an der Donau bei Kelheim.

Ein Auwald befindet sich in Überschwemmungsgebieten von Flüssen oder in Gebieten mit hohem Grundwasserstand. Unterschieden werden Weichholz- und Hartholzaue. Charakteristisch ist der Artenreichtum. Die Strauch- und Krautschicht ist besonders vielfältig ausgeprägt.
Nadelholzarten, sowie die Rotbuche fehlen im natürlichen Auwald.

Weichholzaue
Tiefliegend, bis ans Ufer reichend. Gegen häufige Überschwemmungen resistente Baumarten: Silber- und Bruchweide[1], Schwarzerle, verschiedene Pappeln[2].

[1] Weiden: Zahlreiche teilweise schwer zu unterscheidende Arten, in Baum- oder Strauchform. Durch die Zweihäusigkeit kommt es zu zahlreichen Bastarden. Vermehrung i.d.R. durch Stecklinge leicht möglich. Weitere Arten: Bruch-, Mandel-, Lorbeer-, Purpur-, Grau-, Reif-, Korb-, Asch-, Ohr-, Schwarz-, Kriech-, Salweide.

[2] Pappeln: Allgemein sehr raschwüchsig, leichtes Holz. Bastardbildung möglich, aber seltener als bei Weiden. Weitere Arten: Kanada-, Grau-, Pyramiden-, Silberpappel.

Hartholzaue
Höherliegend als Weichholzaue.
Baumarten: hauptsächlich Eschen, Ulmen, Hainbuchen und Stieleichen.

Fauna und Flora am Wasser

Unterhalb der Bäume wächst die...

- **Strauchschicht:** Pfaffenhütchen, Zweigriffliger Weißdorn, Schwarzer Holunder, Rote Johannisbeere, Haselsträucher, Gemeiner Schneeball, Stachelbeere, Roter Hartriegel, Purgierkreuzdorn
- **Krautschicht:** Hohler Lerchensporn, Lungenkraut, Hohe Schlüsselblume, Buschwindröschen, Gelbes Windröschen, Bärlauch, Gefleckte Taubnessel, Goldnessel, Echte Sternmiere, Gundermann, März- und Waldveilchen, Scharbockskraut, Wolliger Hahnenfuß, Goldschopfhahnenfuß, Blaues Waldvergissmeinnicht.

> **Fauna:**
> Intakte Auwälder besitzen auch eine reichhaltige Fauna (bis zu 150 verschiedene Vogelarten)
> **Mitteleuropa:** nur noch zu 10 bis 20 % der ursprünglichen Auwälder vorhanden. Grund: Begradigung der Flüsse, Aufstauen für Schifffahrt und Energiegewinnung.

Blätter von Uferbäumen

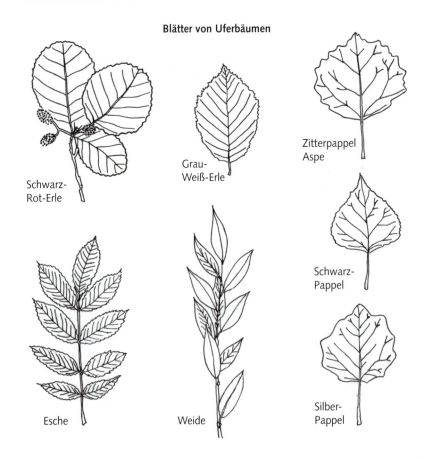

Fauna und Flora am Wasser **105**

Wichtige Uferbäume

	Höhe bis	Blatt	Blüten/Samen	Bemerkungen
Schwarz- oder Roterle (*Alnus glutinosa*) Name: dunkle Farbe der Rinde ➡ Schwarzerle. Rötliche Farbe des Holzes ➡ Roterle	25 m	Rundlich, Rand ungleich gesägt, Spitze stumpf. Oben dunkelgrün, unten hellgrün.	Blüte: März. Samen reifen über Winter, fallen im Frühjahr aus. Leere Zäpfchen bleiben lange an Zweigen.	Herzwurzelsystem auch im nassen Bereich. Bildet Wurzelknollen zum Binden von Luftstickstoff. Weiches gelbliches Holz. Im Wasser fast unbegrenzt haltbar. Wichtig für Ufersicherung!
Silberweide (*Salix alba*)	25 m	Zugespitzt, schmal, gesägt, blaugrau, behaart.	Zweihäusig (Männliche und weibliche Kätzchen auf verschiedenen Bäumen)	Mit anderen Weidenarten ein typischer Begleiter von Fließgewässern. Wächst dicht am Ufer. Ufersicherung ähnlich Erle, aber nicht so langlebig.
Grauerle (*Alnus incana*) Name: Graue Rinde und graue Unterseite der Blätter.	20 m	Eiförmig spitz, am Rand stark gesägt, Oberseite glänzend grün, Unterseite grau u. filzig behaart.	Männliche und weibliche Kätzchen. Weibliche K. bleiben noch lange an den Zweigen.	Ursprung in Nord- und Osteuropa. Verbreitung durch Menschen. Verträgt weniger Nässe als Schwarzerle.
Zitterpappel (*Populus tremula*) Name: Blätter bewegen sich zitternd im Wind.	35 m	Wechselständig, eiförmig bis kreisrund, unregelmäßig gezähnt.	Blüte: März–April. Große hängende graue Kätzchen, karminrote Staubbeutel.	Schon vor 10000 Jahren in Mitteleuropa. Pionierbaumart: Schnelle Besiedlung von Kahlflächen.
Schwarzpappel (*Populus nigra*)	25 m	Rundlich bis dreieckig. Länglich zugespitzt. Stumpf gezähnter Rand. Oberseite glänzend grün, Unterseite mattgrün.	Männliche Blütenstände: dick, rote Staubbeutel. Schlankere grüne weibliche Blütenstände.	Über ganz Europa verbreitet. Verwendung auch als Straßenbaum oder in Parks. Sehr leichtes Holz (Zündhölzer). Stecklingsvermehrung möglich.
Esche (*Fraxinus excelsior*) Name nordischen Ursprungs	40 m	Gefiedert und gezähnt.	Violette Blüten, Samen (Nüsse) geflügelt.	Sehr stark verzweigtes Wurzelsystem. Benötigt nährstoffreichen, feuchten Boden.

Angelgeräte

Die Rute

Das Material der Angelruten von früher bis heute

Hasel- oder Weidenstock.
Früher die einzige Möglichkeit eine relativ biegsame Verlängerung von Hand und Arm zu erhalten.

Bambus, Tonkin
Mit den Handelswegen nach Asien kam die Halme dieser zähen asiatischen Pflanzen nach Europa. Sie erlaubten eine größere Rutenlänge ohne das Gewicht zu erhöhen.

Gespließte
Eine Verfeinerung der Bambusrute war und ist die »gespließte Rute«. Meist dreikantige gehobelte Spließe aus Bambus- oder Tonkinrohr sind zu einer insgesamt sechskantigen Rute zusammengeleimt. Eine aufwendige Arbeit, die in teilweise sehr teuren Angelruten resultiert (Heute sind es fast nur noch Fliegenruten).

Glasfaser
Extrem belastbar und widerstandsfähig, sehr bruchsicher. Nachteil: Gewicht.

Hohlglas
Viel leichter, aber nicht mehr so bruchsicher. Auch als Teleskopausführung möglich.

Kohlefaser
Leicht und robust. Mittlere Bruchgefahr. Achtung: Elektrisch leitfähig – Vorsicht vor Hochspannungsleitungen (überlange Stippruten) und bei Gewittern.

Eine Bolognese-Rute ist ideal zum leichten Posenangeln in der Strömung.

Die Rutenaktionen beschreibt das Biegeverhalten bei Belastung.

Die wichtigsten drei Aktions-Stufen sind (Zwischenstufen fließend):

	Unter Belastung	Verwendung (Grundregel)
Spitzenaktion (schnell)	Nur die Spitze biegt sich. Der Rest der Rute bleibt relativ steif.	Distanzwürfe. Sicherer Anhieb über große Entfernungen.
Semiparabolisch (mittelschnell)	Biegung von etwa 3/5 der Rutenlänge ab der Spitze.	Praxisnaher Kompromiss zwischen den beiden anderen Extremen. Sehr universeller Einsatzbereich.
Parabolisch (langsam)	Die Rute biegt sich annähernd zu einem Halbkreis.	Angeln im Nahbereich. Feinfühlige Drills

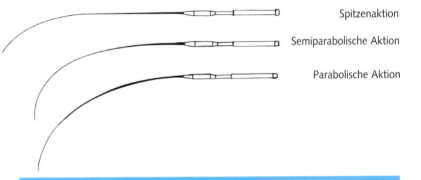

Spitzenaktion
Semiparabolische Aktion
Parabolische Aktion

Welche Rute für welchen Zweck?

Rutentyp	Länge/Art	Wurfgewicht	Aktion	Bemerkung	Einsatzzweck
Grundruten	2,70–3,00 Steck- oder Telerute	20–100 g	Semiparabolisch-Spitzenaktion	Bisserkennung z. B. über Anzeiger an der Schnur.	Universell von Aal bis Zander.
Karpfenruten	3–4 m, Steck- oder Teleskop-R.	Testkurve 1,5–3,5 lb	Semiparabolisch-Spitzenaktion	Langes unteres Griffteil für weite Würfe.	Außer für Karpfen auch für Aal und Hecht geeignet.
Feederruten	3,00–4,20 m, meist Steck-, aber auch als Teleskop-R.	40–200 g	Spitzenaktion	Bisserkennung über auswechselbare Zitterspitze.	Friedfische (auch für Raubfisch- oder bei Brandungsangeln)
Winkel-Picker	3,00–4,20 m, meist Steck-, aber auch als Teleskop-R.	15–30 g	Spitzenaktion	Leichter als eine Feeder-Rute. Bisserkennung über Zitterspitze.	Mit leichtem Grundblei, nicht mit Feeder.

Fortsetzung Seite 108

108 Angelgeräte

Rutentyp	Länge/Art	Wurfgewicht	Aktion	Bemerkung	Einsatzzweck
Spinnruten	Leicht: bis 2,40 m Schwer: 2,70–3,30 m	Leicht: bis 20 g Schwer: bis 80 g	Spitzen-aktion-semi-parabolisch	Sonderformen mit Spitzen-aktion z. B. zum Twisterangeln.	Raubfische
Triggerruten (Spinnruten für Multirollen)	bis 3,0 m	bis 100 g	Spitzen-aktion, stei-fes Rückgrat.	Revolvergriff (Trigger) für klei-ne Multirollen.	Raubfische
Spirolino-ruten	3–5 m, Steck- und Telerute	5–40 g	Spitzenaktion	Sensible Biss-erkennung.	Weitwürfe mit Spirolino, versch. Köder.
Stipp- und Kopfruten (ohne Rolle)	3–15 m, Steck- und Teleskop-R. (bis ca. 7 m)	–	Spitzenaktion	Schnurlänge meist kürzer als Rutenlänge. Beim Einholen wird die Rute teilweise aus-einandergenom-men.	Kleinere Fried-fische.
Matchruten	3,70–4,20 m, Steckrute	5–30 g	Spitzen-aktion-semi-parabolisch	Sehr viele kleine Ringe. Ideal zum Posenangeln.	Kleinere und mittlere Fried-fische.
Bolognese-ruten	5–8 m, Steck- oder Teleskop-R.	5–30 g	Spitzen-aktion, stei-fes Rückgrat.	Verhalten ähn-lich einer Stipp-rute aber mit Rolle. Vorteil: Wurfweite, Schnurreserve.	Auch größere Friedfische, teil-weise für Raub-fische mit kleinen Köder-fischen.
Brandungs-ruten	3,90–4,20 m, Steckrute	150–250 g	Semipara-bolisch	Auffallend große Ringe für reibungslosen Schnurdurchlauf.	Für weite Würfe vom Strand auf versch. Meeres-fische.
Pilkruten	2,10–3,00 m, Steckrute	100–300 g	Spitzen-aktion-semi-parabolisch	Je schwerer das Wurfgewicht desto kürzer die Rute.	Einsatz von Pilkern beim Kutter- und Bootsangeln.
Bootsruten	2,10–2,70 m, zum Natur-köderangeln auch länger.	Testkurve 12–130 lb		Doppelstegringe. Spitzring mit Rolle.	Big-Game ab 50 lb Testkurve.
Fliegenruten (Einhand)	1,80–3,30 m, Steckrute	Schnurklasse 0–14	Parabolisch-Spitzenaktion	Rollenhalter sitzt am Ende der Rute.	Salmoniden, Hecht, Barsch etc.
Fliegenruten (Zweihand)	3,30–4,50 m, Steckrute	Schnurklasse 7–12	Parabolisch-semipara-bolisch	Verlängerung hinter der Rolle für zweite Hand.	Lachs, Meer-forelle

Was versteht man unter der »Testkurve« einer Rute?

Damit ist jenes Gewicht gemeint, das, bei waagrecht gehaltener Rute, die Spitze im 90 Grad Winkel nach unten ziehen würde. Hinweis auf die Kraft, die die Rute einem Fisch entgegensetzen kann. Wird vor allem bei Karpfenruten in englischen Pfund (lb) angegeben.

Faustformel zur Umrechnung der Testkurve in Wurfgewicht

Beispiel: Karpfenrute mit der **Testkurve 2 lb.** Welches Wurfgewicht ist geeignet?
Grundlage: 1 lb = 454 g (oder 0,454 kg)

Faustformel: Testkurve in Gramm geteilt durch 16.

In diesem Fall: (2 lb = 908 g) 908 g : 16 = 56.75 g Maximalwurfgewicht. Abzug von 10 % – 20 % ergibt das **ideale Wurfgewicht: 45 – 50 g (gerundet)**

Angelrollen

Eine Angelrolle erfüllt drei Hauptzwecke:
1. Sie dient als Depot für die gesamte verwendete Schnurlänge.
2. Der an die Schnur geknüpfte Köder läßt sich durch Auswerfen weit über die Rutenlänge hinaus anbieten
3. Beim »Drill« eines größeren Fisches kann kontrolliert eine bestimmte Schnurreserve unter Ausübung eines gewissen Bremsdruckes abgegeben werden, um das Reißen der Leine zu vermeiden und den Fisch so schnell wie möglich zu ermüden und zu landen.

Bei Angelrollen jeder Art sollte man auf gute Qualität achten. Vor allem die Bremse einer Rolle wird höheren Belastungen ausgesetzt und muss diesen dauerhaft standhalten können.

Die Stationärrolle

Beliebteste und am meisten verbreitete Rollenart. Universell einsetzbar für so gut wie alle Angelarten, außer Fliegenfischen und Big-Game Angeln. Die Vorteile liegen in der einfachen Bedienbarkeit. Die Rolle weist an der Rute nach unten.

Grundlegende Technik

- Die Spulenachse liegt parallel zur Rutenachse und dreht sich nicht. Sie ist »stationär«. Beim Auswerfen springt die Schnur spiralförmig von der Spule.

- Durch das Drehen der **Kurbel** rotiert der **Schnurfangbügel** um die Spule und legt die **Schnur** auf der Spule ab.

- Die innenliegende Achse, auf der die Spule sitzt, dreht sich nicht. Sie wird aber über ein Hubrad oder eine Kreuzschnecke in Längsrichtung hin und her geschoben und hebt und senkt die Spule. Dadurch verteilt sich die Schnur gleichmäßig auf der Spule.

Angelgeräte

① Stationärrolle
② Kapselrolle
③ Multirolle
④ Fliegenrolle

Welche Bremssysteme gibt es?

System	Sitz der Bremse	Vorteil	Nachteil
Heckbremse	Am Ende der Rolle.	Sehr gut zu bedienen.	Wirkt direkt auf die Achse ➞ höhere Belastung. Kleinere Bremsscheiben, deswegen etwas pflegebedürftiger.
Kopf- oder Frontbremse	Vorne auf der Spule.	Wirkt direkt auf Spule, besitzt relativ große wirkungsvolle Bremsscheiben.	Etwas umständlicher zu bedienen als Heckbremse.
Mittelbremse	Zwischen Rotor und Spule.	Größere Bremsflächen als Heck- oder Frontbremse. Sehr zuverlässig.	

Was ist eine Kampfbremse?

Bei einigen Rollen kann durch Verschieben eines Hebels schnell der Bremswiderstand verringert werden. Z. B. bei der plötzlichen Flucht eines starken Fisches.

Was ist ein Freilauf (Baitrunner)?

Man versteht darunter eine Funktion für das Grundangeln. Einschalten über Umlegen des Freilauf-Hebels über dem Heck der Rolle. Der Fisch kann nach dem Biss ungehindert Schnur abziehen. Beim Aufnehmen der Rute wird durch eine Kurbelumdrehung oder das manuelle Umlegen des Schalthebels der Freilauf aus- und die Bremse eingeschaltet, damit der Anhieb gesetzt werden kann und die Bremse wirksam wird.

Wirkungsweise: Freilaufrollen besitzen in der Regel normale Frontbremsen, die auf die Spule wirken. Der Freilauf besteht einfach aus einer zusätzlichen Heckbremse, die auf die Achse wirkt. Durch das Umlegen eines Hebels wird diese Bremswirkung ausgeschaltet. Nun kann sich die Achse drehen und die Frontbremse wirkt nicht mehr. Die Feineinstellung des Freilaufs wird über den Drehknopf am Heck reguliert.

> **Merke**
>
> Beim Einsatz einer Stationärrolle kann starker Schnurdrall entstehen, falls bei Schnurabzug durch einen starken Fisch gleichzeitig die Kurbel betätigt wird und sich dadurch der Rotor dreht.

Die Multirolle

Diese Rollenart wird vornehmlich für das Meeresangeln verwendet: Big-Game, Schleppfischen, Pilkangeln, Brandungsangeln. Kleinere Modelle (Baitcasters) auch zum Spinnfischen. Die Rolle weist auf der Rute nach oben. Kurbel meist rechtshändig. Inzwischen kommen mehr linkshändige Modelle auf den Markt.

Technik
* Achse der Schnurspule steht quer zur Rutenachse. Schnur wird direkt, also ohne Umlenkung aufgerollt und abgespult.

Schnurdrall: Da die Schnur geradlinig aufgespult oder abgerollt wird, entsteht kein Schnurdrall.

Welche Bremssysteme gibt es?

Sternbremse	Verstellen des Sternrades zwischen Kurbel und Gehäuse bremst das Hauptantriebsrad.
Schiebebremse	Ein Hebel (Lever Drag), der zur Erhöhung der Bremskraft nach vorne geschoben wird. Vor allem bei stärkeren Rollen (Big Game)

Zusätzliche Bremsen: Wurf- oder Ködergewichtsbremse, Fliehkraftbremse, Magnetbremse.
Diese Systeme haben die Aufgabe, das Rotieren der Spule nach dem Auftreffen des Köders auf der Wasseroberfläche sofort anzuhalten und so Schnurperücken zu vermeiden. I. d. R. muss die Spule zusätzlich mit dem Daumen abgebremst werden.

112 Angelgeräte

Stationär- und Multirolle im Vergleich

+ positiv – negativ

Stationärrolle	Multirolle
+ Schnelles Erlernen der Wurftechnik. Weite Würfe auch für Anfänger möglich.	– Beherrschen der Wurftechnik langsamer zu erlernen. Weite Würfe nur durch viel Übung möglich. Gefahr von Schnurperücken.
– Schnur kann beim Aufwickeln verkringeln. Antitwist-System wirkt dagegen.	+ Schnur wird in gerader Linie aufgewickelt.
– vor allem Systeme mit Heckbremsen mitunter etwas störanfällig.	+ robustes Innenleben. Bremstechnik gut.
+ wenig pflegebedürftig	– relativ pflegebedürftig
– Kontaktgefühl zum Fisch schlechter als bei Multirolle.	+ sehr gutes Kontaktgefühl zum Fisch.

Die Kapselrolle

Ähnlich einer Stationärrolle, aber mit geschlossenem Gehäuse (Kapsel) und ohne Schurfangbügel. Vor allem für leichtes Spinn- und Matchangeln.

Funktion

• Durch Druck auf die Frontplatte der Kapsel wird die Schnur freigegeben, indem der Schnurführungsstift im Inneren der Kapsel zur Seite springt.

• Durch Drehen der Kurbel rotiert der Schnurfangstift und wickelt Schnur auf.

+	• Schnelle Freigabe der Schnur. • Die Kapsel schützt die Schnur vor Wind und Wetter.
–	• Relativ ungleichmäßiges Aufwickeln der Schnur durch Fehlen des Hubmechanismus. • Kapsel bremst die Schnur beim Werfen. • Weniger robust als Stationärrollen.

Die Centrepin-Rolle

Auch »Nottinghamrolle« oder »Achsrolle« genannt. Die einfachste Form einer Angelrolle, aber aus sehr gutem Material und in hochwertiger Ausführung. Die Spule ist extrem leichtläufig und macht das Besondere dieses Rollentyps aus.

Angelgeräte **113**

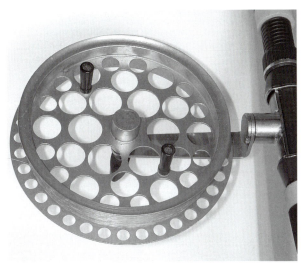

Eine Centrepin-Rolle: Etwas für Spezialisten und Liebhaber.

Funktion:
- Durch Drehen an der Kurbel rotiert die Spule im Verhältnis 1:1. Keine Übersetzung.
- Eine Bremse ist oft nicht vorhanden. Gebremst wird mit der Hand.

Einsatzzweck:
- Leichtes Posenangeln im Fließwasser (Trotting). Die stromab driftende Pose zieht die Schnur von der leichtläufigen Rolle.
- Angeln mit der Hegene auf Renken und Saiblinge im See. Durch Zählen der Spulenumdrehungen kann die Angeltiefe genau ermittelt und eingehalten werden.

Die Fliegenrolle

Im Aufbau und Funktion einer Centrepin-Rolle sehr ähnlich. Der Sitz der Rolle ist, im Gegensatz zu Spinn- und Grundruten, immer grundsätzlich am Ende der Rute.

Ausführungen

Single-Action	Eine Umdrehung mit der Kurbel entspricht einer Umdrehung der Rolle.	Vorteil: Zuverlässige einfache Bauart, Leichtes Gewicht durch wenig Bauteile. Nachteil: Einholen der Schnur durch engen Kern relativ langsam.
Single-Action Großkernrolle (Large-Arbor)	Wie oben.	Vorteil: Pro Umdrehung größere Schnuraufnahme durch großen Spulenumfang, egal wie viel Schnur auf der Rolle ist. Weniger Kringeln (Memory) der Schnur.

Angelgeräte

Multi Action	Eine Umdrehung mit der Kurbel verursacht z. B. zwei Spulenumdrehungen.	Vorteil. Schnelleres Einholen von Schnur. Nachteil: schwere Bauart durch viele Einzelteile. Teilweise anfällige Mechanik.
Automatik	Durch ein Federspannsystem holt die Rolle selbsttätig lose Schnur ein.	Vorteil: Der Angler braucht lose Schnur nicht händisch einzuholen. Nachteil: Stark begrenzte Nachschnurkapazität. Hohes Gewicht. Eingeschränkte Drillmöglichkeiten. I.d.R. nicht zu empfehlen.
Anti-Reverse	Die Kurbel dreht sich nur beim Einholen der Schnur. Zieht der Fisch Schnur von der Rolle bewegt sich die Kurbel nicht.	Vorteil: Geringere Verletzungsgefahr durch rotierende Kurbel. Nachteil: Aufwendige Technik. I.d.R. nur in besonders hochwertigen Rollen für das schwere Fliegenfischen im Salzwasser sinnvoll.

Die rotierende Spule einer Fliegenrolle läßt sich bei der Flucht eines Fisches sanft mit dem Handballen bremsen.

Wichtig

Eine Fliegenrolle für leichtes und mittleres Fliegenfischen sollte immer einen überstehenden Rand aufweisen. Durch Anpressen des Handballens der freien Hand auf die schnell rotierende Spule kann auch einem wild davonstürmenden größeren Fisch ausreichender Widerstand entgegengesetzt werden.

Hinweis:
Aus traditionellen Gründen werden fast alle Fliegenrollen mit Rechtshand-Betrieb geliefert, sie können aber fast immer gemäß beiliegender Beschreibung auf Linkshand Betrieb umgestellt werden.

Gängige Bremssysteme

Klickbremse	Dabei greift meist ein im Gehäuse federnd gelagerter Einzelzahn in ein Zahnrad an der Spule. Dies verhindert beim raschen Abzug der Schnur ein Überlaufen der Spule und die damit verbundene, ärgerliche Perückenbildung. Diese »Bremse« reicht in Verbindung mit einem überstehenden Spulenrand für das leichte bis mittlere Fliegenfischen völlig aus.
Scheibenbremse	Aufwendigeres System mit Bremsscheiben, die auf die Spule oder die entsprechenden Zahnräder drücken. Hochwertige Bremsscheiben sind aus Kork oder Filz, billige aus Kunststoff. Eigentlich nur für das schwerere Fliegenfischen auf Hecht, Lachs und Meeresfische notwendig.

Die Angelschnur

Anforderungen an eine Angelschnur

- Wenig sichtbar für die Fische, sichtbar für den Angler.
- Geschmeidig und glatt, damit sie problemlos durch die Ringe gleitet.
- Pufferwirkung durch kontrollierte Dehnung: damit der Haken nicht ausschlitzt, aber die Sensibilität der Schnur erhalten bleibt. Bei zuviel Dehnung ist der Biss allerdings nicht spürbar oder der Anhieb dringt auf große Distanz nicht bis zum Fisch durch.

Verschiedene Schnurarten

- Monofile (einfädig) ➝ das klassische Nylon oder das moderne Polyflourokarbon.
- Polyfile (mehrfädig) ➝ aus feinen Kunststofffäden geflochtene Schnüre.

Eigenschaften von Monofil allgemein

	Vorteil	Nachteil
Tragkraft		Bei gleichem Durchmesser sehr viel geringer als bei polyfilen Schnüren.
Dehnung 20–40 %	Puffert Rucke während des Drills ab. Haken schlitzt nicht so schnell aus.	Hakensetzen auf größere Entfernung manchmal problematisch.
Verschleiß	Nimmt Schmutz nur oberflächig auf.	Empfindlich gegen scharfe Kanten, UV Licht.

Eigenschaften von Polyfil

	Vorteile	Nachteile
Tragkraft	Hohe Tragkraft, bei geringem Durchmesser, dadurch geringerer Strömungsdruck.	Verführt zu kräftigem Hakensetzen. Monofil-Vorfach gefährdet.
Dehnung nur ca. 2 %	Sicheres Hakensetzen auf große Entfernung möglich.	Harter Kontakt zum Fisch: Haken kann ausschlitzen, Vorfach abreißen.
Durchmesser	Wenig Reibung in den Rutenringen durch geringen Durchmesser → Weitwürfe.	
Verschleiß		Leichtes Eindringen von winzigen Schmutzpartikeln in das Geflecht (besser bei beschichteten Schnüren).

Durchschnittliche Tragkraft von Angelschnüren

	Monofil	Polyfil
0,16 mm	2,4 kg	12,5 kg
0,20 mm	3,8 kg	16,0 kg
0,25 mm	5,3 kg	19,5 kg
0,30 mm	7,7 kg	25,0 kg
0,35 mm	10,4 kg	31,0 kg
0,40 mm	13,0 kg	
0,50 mm	20,0 kg	

Wann wird welche Schnur eingesetzt?

Normales Angeln auf kurze bis mittlere Entfernung (Pufferwirkung) → Monofil

Angeln auf große Distanz oder in großen Tiefen (Bisserkennung, Anhieb) → Polyfil

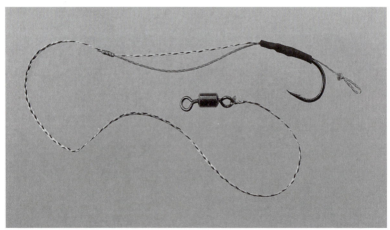

Polyfile Angelschnüre sind sehr weich und werden deshalb auch gerne für Karpfenvorfächer verwendet.

Angelgeräte **117**

> **Tipp!**
> Kombinationen der beiden Schnurarten sind möglich:
> Z.B. Hauptschnur aus Polyfil (gute Bisserkennung, sicherer Anschlag) + ca. 12 Meter
> Monofil (Pufferwirkung) an der Spitze.

Was sind die größten Gefahren für eine Angelschnur?

	Ursache	Gegenmaßnahme
Abrieb, Aufrauung	Die ersten drei Meter werden am meisten beansprucht. Geflochtene Schnüre sind empfindlicher als Monofil.	Regelmäßig inspizieren und vorbeugend einkürzen.
Überdehnung	Nach schweren Grundhängern.	Entsprechende Länge einkürzen.
Falsche Knoten	Knoten, die sich selbst durchschneiden. Knotenfestigkeit dann gering. Nur 50 % der linearen Reißfestigkeit.	Knoten immer anfeuchten. Langsam zuziehen.
Verdrallung	Vor allem beim Spinn- und Schleppfischen.	• Gute Wirbel einsetzen. Eventuell Anti-Kinkplättchen bzw. entsprechende Schleppbleie verwenden. • Beim Schleppfischen: Schnur ohne Köder hinter Boot herziehen. • Auf einer Wiese die verdrallte Länge auslegen und ohne Köder einziehen.

> **Achtung!** Durch achtloses Wegwerfen von Schnurresten kommen Tiere in Gefahr
> (vor allem Vögel). Schnurreste immer in wenige Zentimeter kurze Stücke schneiden, bzw. mit nach Hause nehmen und dort verbrennen.

Was ist eine Schlagschnur?

Unter bestimmten Bedingungen wird eine zusätzliche Schnurlänge zwischen Vorfach
und Hauptschnur benötigt:

Schlagschnur	Zweck	Bewirkt
(Dicker als Hauptschnur) (Länge 10–20 m) Einsatz z. B.: • Brandungsangeln • Feederangeln	Um an einer relativ dünnen Hauptschnur ein schweres Blei oder einen Futterkorb auf weitere Distanz zu werfen.	Vermeidet Überlastung der dünnen Hauptschnur in der Beschleunigungsphase des Wurfes. (Zum Brandungsangeln gibt es so genannte »Keulenschnüre« mit ca. 20 m dickerem Teil und nachfolgender dünnerer Schnur ohne Knoten.)

Angelhaken

Woraus besteht ein Angelhaken?

Meist aus **Stahl** (Legierung aus Eisen und Kohlenstoff), für hochwertige Produkte (Big-Game Angeln) auch aus **Edelstahl** (Legierung aus Eisen und Nickel).

Die Haken weren i.d.R. oberflächenbehandelt:
- normaler Gebrauch im Süßwasser: brüniert
- Einsatz im Salzwasser: vernickelt, vergoldet, verzinkt[1]

[1] Wer seine Haken nach dem Angeln im Salzwasser gut mit warmen Süßwasser spült und gut trocknet, benötigt zumindest für das leichtere Meeresangeln keine salzwasserfesten Haken. Salzwasserfeste Haken stellen bei einem Abriss eine Gefahr für den Fisch dar, da sie lange nicht korrodieren.

Hakenarten

Plättchenhaken:
(immer Einzelhaken)

Öhrhaken:
(Einzelhaken, Zwillinge, Drillinge)

Einsatzbereich von
- Zwillingshaken
  → z. B. für Lachsfliegen, rel. selten., teilweise für tote Köderfische.
- Drillingshaken
  → Hauptsächlich an Kunstködern oder für Naturköder zum Raubfischangeln.

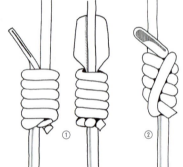

Plättchenhaken ① sind immer Einzelhaken und werden in kleineren Größen (ca. 12 bis 20) zum Friedfischangeln verwendet. Die Schnur wird dabei um den Schenkel gewunden. Das Plättchen verhindert, dass der Knoten abrutscht.
Öhrhaken ② gibt es i.d.R. als Einzelhaken, Zwilling oder Drilling. Ein Einzelhaken mit geschränktem Öhr kann wie ein Plättchenhaken angebunden werden. Die Schnur wird dabei immer durch das Öhr gesteckt.
Siehe auch im Abschnitt »Knoten«.

Verschiedene Hakenbögen

Je nach Einsatzbereich werden Haken mit verschiedenen Bogenformen benützt.

Bogenformen	Beliebter Verwendungszweck z.B.:
① Rundbogen:	Allroundangeln
② Kristallbogen:	Matchfischen
③ O'Shaugnessy:	Raubfische, Meeresangeln
④ Limerick:	Fliegenhaken u. a.

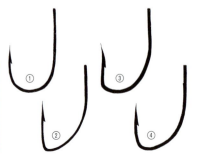

Angelgeräte

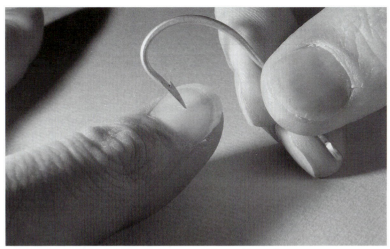

Schärfenprüfung: Bleibt der Haken im Fingernagel hängen, ist er spitz genug.

Geschränkte Haken

Haken bei denen die Spitze gegenüber dem Schenkel zur Seite absteht besitzen folgende Vorteile:
- Kleine Haken lassen sich besser anködern.
- Der Haken dreht sich beim Anhieb ins Fischmaul und sitzt besser.

Größenbezeichnungen

Als einheitliche Tabelle wird die so genannte »Redditch-Skala« verwendet. Je größer die Zahl desto kleiner ist der Haken. Die Nummerierung reicht von 1–30. Größere Haken als 1 werden durch eine 0 vor der Zahl bezeichnet. Ein 2/0er ist größer als ein 1/0er. Die Größen beziehen sich nur auf den Bogen.

Fliegenhaken: Was heißt »2 x long«?

Bei Fliegenhaken findet man oft zum Hakentyp Zusatzbezeichnungen wie etwa: Gr. 8 oder Gr. 12 (2 x fine) oder (3 x strong).

Das bedeutet folgendes: Für jeden Haken gibt es bestimmte Standardmuster. Steht nun bei einem Haken der Größe 8 z. B. **2 x long**, heißt dies nichts anderes als dass der Hakenschenkel dieses 8er Haken genauso lang ist wie einer der zwei Nummern größer ist. Er hat die Länge der Gr. 6 aus der Reihe der Standardmuster.

Diese Bezeichnungsart gilt auch für die Drahtstärke und damit das Gewicht eines Hakens:
2 x fine ➡ der Hakendraht ist so fein wie der zwei Nummern kleiner.
3 x strong ➡ der Hakendraht ist so stark wie der drei Nummern über ihm.

Einige gebräuchliche Hakentypen und ihre Eigenschaften

Allroundhaken	Meist Rundbogen mit relativ kurzem Schenkel.	Wie der Name sagt, besitzt dieser Haken einen breiten Einsatzbereich.
Wurmhaken	Oft ein Rundbogen mit ein bis zwei Widerhaken am Schenkel.	Der Wurm hält besser auf dem Haken.
Kunstköderhaken	Dünnere, kürzere Spitze, kurzschenkliger.	Hält im knochigen Kiefer besser, hebelt nicht so leicht aus.
Bleikopf-Jighaken	Vor dem Öhr rechtwinklig geknickt mit darauf sitzendem Bleikopf.	Zum zusätzlichen Anbringen eines Gummifisches oder Federschwanzes.
Madenhaken	Der tiefste Punkt befindet sich unter der Hakenspitze. Die Spitze muss nadelscharf sein.	Die Made rutscht an den tiefsten Punkt. Bisse werden sicherer verwertet. Die Made darf beim Aufspießen nicht auslaufen.
Maishaken	Rundbogen, kurzer Schenkel.	Leichtes Anködern des Maiskorns.
Teighaken	Rundbogen mit Drahtspirale.	Leichtes Andrücken des Teigbällchens, Hakenspitze bleibt frei.
Karpfenhaken	Für Haar-Montage mit Öhr, Hakenspitze oft leicht nach innen gebogen.	Das Vorfach/Haar muss durch das Öhr geführt werden (No Knot).

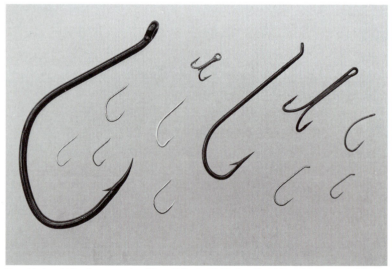

Verschiedene Hakenformen und -größen. Links ein Welshaken Gr. 14/0, rechts unten ein Fliegenhaken Gr. 16

Ist ein Widerhaken nötig?

Nein! Vor allem beim Fliegenfischen setzt sich der Haken »ohne« immer mehr durch. Bei straff gehaltener Schnur kommen die Fische auch an einem »Schonhaken« nicht so leicht ab.

Vorteil:
- Untermaßige Fische und Exemplare, die nicht entnommen werden sollen, werden weniger verletzt.
- Die eigene Sicherheit ist besser gewährleistet. Haken ohne Widerhaken lassen sich problemlos aus der Haut entfernen.
- Sollte die Schnur reißen, fällt der Haken dem Fisch bald aus dem Maul.

Entfernen des Widerhakens

Normale Haken mit leichtem Widerhaken	Mit Flachzange vorsichtig andrücken.
Starke Salzwasserhaken mit starkem Widerhaken	Widerhaken (Haken z. B. in Fliegenbindestock einspannen) abschleifen (Bruchgefahr für Haken durch Andrücken).

Beispiele für Gerätezusammenstellungen

Wichtig!
Immer mitzuführendes Zubehör (Bei praktischer Fischereiprüfung in dieser Reihenfolge erwähnen):
1. Passender Kescher (z. B. Watkescher oder langer Stielkescher)
2. Maßband o. ä.
3. Fischtöter
4. Messer
5. Rachensperre (nur bei Hechtausrüstung) ➡ Hakenlöser.

Welche Angelrolle für welchen Fisch?

Rollengröße	Schnuraufnahme mindestens	Fischarten (Beispiele)
Kleine Stationärrolle	100 m / 0,30 mm	Rotauge, Rotfeder, Brasse
Mittlere Stationärrolle	100 m / 0,40 mm	Barsche, Karpfen
Große Stationärrolle	100 m / 0,50 mm	Aal, Hecht
Schwere Stationärrolle oder Multirolle	260 m / 0,50 mm	Dorsch, Scholle, Flunder
Mittlere Fliegenrolle	27 m Fliegenschnur AFTMA 5–6 + 50 m geflochtene Nachschnur	Forellen, Äschen, Döbel
Große Fliegenrolle	27 m Fliegenschnur AFTMA 7–9 + 100 m geflochtene Nachschnur	Zander, Hecht, kleinere Huchen, Sommerlachs (Grils)
Schwere Fliegenrolle	34 m Fliegenschnur AFTMA 10–12 + 200 m geflochtene Nachschnur	Großlachs, Huchen

Forellen, Äschen (Fliegenfischen)

1. Fischen mit Trockenfliege:
Fliegenrute 2,40 bis 2,70 m • mittlere Fliegenrolle: schwimmende Fliegenschnur DT-F oder WF-F, AFTMA 5 bis 6 zuzüglich rund 50 m Nachschnur • verjüngtes Fliegenvorfach mindestens 2,70 bis 3,60 m • Trockenfliege.

2. Fischen mit Nassfliege, Streamer
Wie vorher, aber auch sinkende Fliegenschnur möglich, Länge des Vorfachs zwischen 1,50 und 3,00 m, Verjüngung nicht zwingend notwendig.

Hecht, Zander, Huchen (Fliegenfischen)

Fliegenrute 2,70–3,00 m • große Fliegenrolle: Fliegenschnur WF-S (sinkend oder sinkender Schusskopf) AFTMA 7 bis 9 zuzüglich rund 100 m Nachschnur • Monofilvorfach rund 1 m, 30 bis 40 cm Stahlvorfach (9 kg) • Hechtstreamer: Hakengröße 3/0 bis 6/0. Stahlvorfach nur für Hecht.

Großlachs, Huchen (Fliegenfischen)

Fliegenrute 3,60–4,50 m • schwere Fliegenrolle: Fliegenschnur DT, WF, AFTMA 10 bis 12 (je nach Saison: sinkend oder schwimmend, Schusskopf (ST)) zuzüglich rund 200 m Nachschnur • Monofilvorfach 0,35–0,50 mm • Lachsfliegen, Streamer: Hakengröße 1/0–6/0.

Forellen, Barsche (Spinnfischen)

Spinnrute: Wurfgewicht 10–30 g, Länge bis 2,10 m • mittlere Stationärrolle • Schnur: Tragkraft 5–6 kg (Monofil: ca. 0,25–0,30 mm), Stahlvorfach nötig (falls Hechte vorkommen) • 2 Wirbel an jedem Ende des Stahlvorfachs • Kunstköder: Spinner, Blinker, Wobbler, Twister (kleine bis mittlere Größe).

Hecht, Zander (Spinnfischen)

Spinnrute: Wurfgewicht 40–80 g, Länge 2,40–3,00 m • große Stationärrolle • Schnur: Tragkraft 9–17 kg (Monofil: ca. 0,35–0,45 mm) • Stahlvorfach, 2 Wirbel an jedem

Bachforelle: 53 cm; 1,8 kg. Gefangen mit Fliegenausrüstung AFTMA 6.

Ende des Stahlvorfachs • Kunstköder: Spinner, Blinker, Wobbler, Gummifisch, Twister • Alternativ bei totem Köderfisch: entsprechendes Hakensystem. Zusätzliches Zubehör: Rachensperre

Karpfen (Posenangeln)

Karpfenrute: Wurfgewicht 20–60 g, Länge 3,30–3,90 m • mittlere Stationärrolle • Schnur: 9–17 kg (Monofil: ca. 0,35–0,45 mm) • Pose entsprechender Tragkraft, angepasste Bebleiung • Vorfach ca. 10 % schwächer als Hauptschnur • Hakengröße 6 und größer • Köder: Teig, Würmer, Mais, Kartoffel, Kichererbsen etc.

Aal (Grundangeln)

Grundrute: Wurfgewicht 40–80 g, Länge 2,00–2,70 m • große Stationärrolle • Schnur: 9–17 kg (Monofil: ca. 0,35–0,45 mm), Laufblei, Vorfach ca. 10 % schwächer als Hauptschnur • Wirbel zwischen Vorfach und Hauptschnur • Hakengröße: 6 und größer • Köder: Tauwurm, Mistwurmbündel, kleiner toter Köderfisch.

Rotaugen, Rotfedern, Brassen (Posenangeln)

Matchrute: Wurfgewicht bis 20 g, Länge 4–7 m • kleine Stationärrolle • Schnur: 2–6 kg (Monofil: ca. 0,16–0,25 mm), passende Pose, entsprechende Bebleiung • Vorfach 10 % schwächer als Hauptschnur • Verbindung zwischen Hauptschnur und Vorfach: z. B. ineinandergesteckte Schlaufen • Hakengröße 10 und kleiner • Köder: Teig, Made, Wurm, Hanf u.ä.

Rotaugen, Rotfedern, Brassen (Grundangeln mit Schwingspitze)

Rute mit Schwingspitze: Länge 2,70–3,00 m, Wurfgewicht bis 40 g • kleine Stationärrolle • Schnur: 2–6 kg (Monofil: ca. 0,16–0,25 mm), Bissanzeiger: Schwingspitze, passendes Grundblei • Vorfach ca. 10 % schwächer als Hauptschnur • kleiner Wirbel zwischen Vorfach und Hauptschnur • Hakengröße 10 und kleiner • Köder: Teig, Made, Wurm, Kartoffel.

Dorsch (Pilkfischen)

Pilkrute, schwere Grundrute, Wurfgewicht 100–200 g, Länge 2–3 m • schwere Stationärrolle oder Multirolle • Schnur: 19–21 kg (Monofil: ca. 0,45–0,50 mm) • Meereswirbel • Pilker: 50–200 g.

Plattfische (Brandungsangeln)

Brandungsrute, Wurfgewicht 100–250 g, Länge 3,60–5,00 m • schwere Stationärrolle oder Multirolle • Schnur: 6–14 kg (Monofil: ca. 0,30–0,40 mm), Schlagschnur • Brandungsblei • Brandungsvorfach • Meereswirbel zwischen Vorfach und Hauptschnur • Pilker: 50–200 g • Hakengröße 2 und größer • Köder: Watt- oder Seeringelwurm, toter Fisch u.ä.

Angelmethoden – Friedfische

Die so genannten Friedfische, in der Regel handelt es sich dabei um Karpfenartige (Cypriniden), werden im Gegensatz zu den Raubfischen weniger durch mechanische oder optische Reize angezogen. Bei ihnen spielt der Geruchs- und Geschmackssinn eine große Rolle. Erfolgreiche Angler nutzen diesen Umstand geschickt aus.

Lock- und Grundfutter

Zweck:
- Anlocken von Fischen
- Prägung auf einen bestimmten Köder
- Halten der Fische am Angelplatz

Anfüttern:	Das Lockfutter wird bereits Tage vor dem Angeltermin ausgebracht, um Fische allgemein oder eine bestimmte Fischart (Zielfisch) an einen Platz zu gewöhnen. An einigen Gewässern verboten!
Beifüttern:	Ausbringen kleiner Mengen Lockfutter während des Angelns, um so viele Fische (Zielfische) wie möglich am Platz zu halten.

Welche Art von Futter wird ausgebracht?

Angebot als:

	Futtertyp	Konsistenz	Anwendung
Futterwolke (im Wasser sich schnell auflösende feine Partikel)	Z. B. Mischung aus Paniermehl, Kleie, Milchpulver	Feine Partikel verteilen sich schnell im Wasser und vertragen Duft und Geschmack weiträumig.	Ideal für Stillwasser. Im langsam fließenden Wasser, wenn Fische nahe der Oberfläche aktiv sind (Döbel, Rotaugen, Rotfedern).
Loses Grundfutter	Schwerere zum Grund sinkende Partikel aller Art.	Boilies, Samen, Nüsse, Maden etc. Legt sich als loser Teppich auf den Boden in dem die Fische »gründeln« können.	Für größere Fische, die am Angelplatz gehalten werden sollen.
Futterball Locker zusammenklebende schwere und feine Partikel.	Mischung aus Paniermehl, Teig, Partikel[1] etc. Gute Bindemittel: Speisestärke, Haferflocken.	Futterpartikel müssen länger zusammen halten. Konsistenz je nah Absicht: Langsame Auflösung am Grund oder bereits beim Einfallen.	Für schnellere Strömung oder für weite Entfernungen (zielgenau mit Katapult).

[1] Tierische Partikel wie Maden erhöhen die Lockwirkung mitunter enorm. Futterbälle nur aus Maden lassen sich mit speziellem Madenkleber herstellen.

Angelmethoden – Friedfische 125

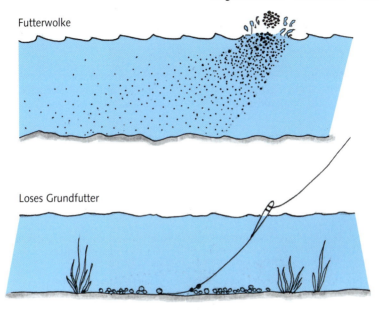

Futterwolke

Loses Grundfutter

Futterball

Die Konsistenz eines Futterballs wird durch die Wassermenge beim Mischen festgelegt:
- Trockene Bälle zerfallen schneller.
- Feuchte Bälle (mit mehr Bindemittel) lösen sich langsam auf.

Methode der Ausbringung

Einwurf mit Hand (ufernah)
Zielmarke festlegen, Futterball flach und sanft einwerfen, nicht im hohen Bogen.

Kleine Futterbälle werden gezielt mit einem Katapult ausgebracht.

Benutzen eines Futterkatapults (Distanz bis 25 m)
Zielmarke am anderen Ufer (Baum etc.), gleicher »Abschusswinkel«, immer gleiche Zugspannung aufwenden (Zugbegrenzung im Katapult vorteilhaft). Zielgenauigkeit: Futterbälle müssen gleichmäßig groß und schwer sein.

Futterkorb
Relativ trockenes Futter verwenden, das im Wasser schnell ausgespült wird.

> **Beifüttern: Regelmäßig aber nicht übermäßig!**
> Hält die Fische am Angelplatz. Sättigt sie aber nicht. Kleine Mengen in regelmäßigen Abständen einbringen. Achtung im Winter: Geringere Futtermenge als in der warmen Jahreszeit. Fische sind schnell satt.

Achtung!
Zu großzügiges Ausbringen von Grundfutter kann dem Fischgewässer schaden: faulendes Futter und Überdüngung durch den erhöhten Nahrungsumsatz der Fische. Gefährdet sind vor allem Angelweiher und kleinere Seen. An einigen Gewässern ist deswegen das Ausbringen von Grund- und Lockfutter nicht erlaubt.

Angelmethoden – Friedfische

Welche Köder mögen Friedfische besonders gerne?

Tierische Köder

	Quelle	Längere Aufbewahrung	z. B. Fischarten
Rot- und Mistwurm	Komposthaufen	Kleine Kiste mit Grasschnitt	Weißfische, Schleie, Karpfen
Tauwurm	Nasse Erde, Wiese in warmen Regennächten	Kiste mit feuchter (nicht nasser) Gartenerde	Karpfen, Barbe, Aal, Wels
Nacktschnecke	Wegränder, Wiese am frühen Morgen	Schattiger Platz in einer großen Köderbox mit frischen Salatblättern	Döbel
Made	Angel-Fachgeschäft	Gekühlt (0 bis –2°) lagerbar bis zu mehreren Wochen	Weißfische, Barbe, Barsch, Schleie, Karpfen
Caster Anfangsstadium der Verpuppung bei Maden	Angel-Fachgeschäft lagerbar bei 0–5°	Mehrere Wochen falls luftdicht abgeschlossen.	Wie oben
Hähnchenleber	Lebensmittelgeschäft	Tiefkühltruhe	Döbel, Aal
Heuhüpfer, Käfer	Wiese, Sträucher	Geräumige Dose. Damenstrumpf als Abdeckung.	Döbel (auch Forellen

Verschiedene Köder liegen griffbereit neben dem Angler.

Samen, Hülsenfrüchte, Nüsse (Partikelköder)

Diese Naturprodukte müssen i.d.R. mehrere Stunden im Wasser quellen und dann kurz gekocht werden, weil sie ...

➡ nur auf diese Weise weich werden.

➡ Aromastoffe besser annehmen.

➡ sonst im Bauch des Fisches aufquellen und ihm Schaden zufügen können (Grund- und Lockfutter).

	Beschreibung	Zubereitung	Fischarten
Ahornerbsen (Maples)	Kleine dunkelbraune Erbse mit kräftigem Geruch u. Geschmack	12 Stunden quellen lassen, 10–15 Minuten kochen, 2 Tage im Kochwasser stehen lassen.	Karpfen, Brassen
Hanfsamen	Sehr kleine, dunkle Samen	Über Nacht quellen lassen. Kurz aufkochen bis weißer Keim sichtbar wird.	Karpfen, Barben, Weißfische
Hartmais	Harte Körner	Nicht zu weich kochen. Vorgesehene Flavours vor dem Abkühlen ins heiße Wasser geben.	Karpfen, Schleie, Brassen
Kartoffeln	Versch. Sorten	Kleine oder halbierte Kartoffeln vorsichtig halbfest kochen. (Farb- oder Duftstoff zugeben)	Karpfen
Kichererbsen	Auffällige Hülsen- frucht mit beson- derem Geruch, Geschmack	8 Stunden quellen, 10 Minuten leicht kochen. Danach einfrieren. Zugeben von Flavour (Vanille, Honig u.ä.) oder färben günstig.	Aland, Döbel, Schleie und Karpfen
Mungobohnen	Kleine grüne Soja- bohne	12 Stunden quellen, 10 Minuten kochen.	Karpfen Schleie
Süßmais	Weiche, eingelegte Körner	Gebrauchsfertig in Glas oder Dose. Färben möglich.	Karpfen, Brassen, Schleie
Tigernuss (Chufanuss)	Riecht gut, süßer Geschmack, sehr hart	24 Std quellen. 30–45 min kochen. 3–5 Tage im Kochwasser belassen.	Karpfen
Weizen	Kleine Getreidekörner	12–24 Stunden in kaltem Wasser quellen. 10 Minuten kochen.	Rotauge, Schleie

Angelmethoden – Friedfische

Menschliche und tierische Nahrungsmittel

Anfüttern ist oft notwendig, um die Fische an den Angelplatz zu locken und dort zu halten.

	Zubereitung	z. B. Fischarten
Käse	Würfelköder aus Hartkäse.	Döbel, Barbe
Frühstücksfleisch	Fetzen, Würfel (1–2 cm)	Döbel, Barbe
Brot	Schwimmende Brotkruste.	Döbel, Karpfen, Aland
Brotteig	Genetetes, angefeuchtetes Brot ohne Rinde.	Weißfische, Karpfen, Schleie
Tierfutter	Hunde- oder Katzenplätzchen.	Karpfen
Fleischteig	Wurstinnereien, Dosenfleisch mit Semmelbrösel o. Soya-Mehl vermischen.	Barbe, Döbel
Käseteig	Verschiedene Käsesorten zerdrücken, hobeln und mit anderen Zutaten mischen.	Barbe, Döbel, Karpfen
Polenta	Maiskuchen aus gekochtem Maisgries. Mischbar mit anderen Köderteigen.	Weißfische, Karpfen, Schleie
Boilie	Etwa kirschgroße, hartgekochte Kugel aus einer speziellen proteinhaltigen Teigmischung.	Karpfen (Schleie)

Warme Sommerabende sind ideal zum Grundangeln auf Karpfen und andere Fische. Aromastoffe können die Lockwirkung eines Köders verstärken.

Einsprühen des gefüllten Futterkorbs mit einem Aroma-Lockstoff.

Aromastoffe können die Lockwirkung von Grundfutter erhöhen. Aber Vorsicht! Nicht zuviel davon, sonst tritt das Gegenteil ein.

Aromastoffe (Flavours)

Flüssige, hochkonzentrierte Duft- und Geschmackstoffe, die den Basismischungen zur Boilieherstellung oder normalen Köderteigen zugegeben wird. Erhältlich in Angel-Fachgeschäften.

Normale Flavours	Auf Wasserbasis.
Ethyl-Flavours	Alkoholbasis (100 x stärker als Normale Flavours)
Ölige-Flavours	Konsistenz dickflüssiger. Verflüchtigen sich nicht so schnell (gut im Winter).
Ätherische-Öle	Pflanzliche Öle aus Drogerie und Apotheke. Teuer aber sehr intensiv riechend. Wenige Tropfen genügen.

Aromastoffe aus der Küche:
z. B. verschiedene Backaromen, Rum, Ahornsirup, Honig etc.

Angelmethoden – Friedfische

Ködermontagen für Friedfische

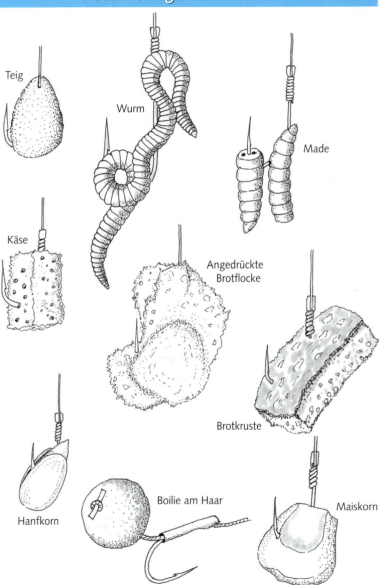

Außer bei sehr weichen Ködern bleibt die Hakenspitze grundsätzlich immer frei, damit der Haken sich leicht im Fischmaul festsetzen kann.

132   Angelmethoden – Friedfische

Leichtes Posenfischen auf Friedfische
(Match- und Stippangeln)

Was ist der Sinn einer Pose?

1. Bissanzeige.
2. Kontrolle über die Drift, Position und Präsentation des Köders.
3. Anbieten des Köders an anderweitig nicht erreichbaren Stellen (Köder driftet unter Bäume etc.).

Wichtige Kleinteile zum erfolgreichen Posenangeln

Spaltschrote (Bleischrote)	Ca. 6-10 verschiedene Größen im Vorrat. Für die normale Beschwerung einer Pose.
Torpillen	Höheres Gewicht. Ersetzen mehrere Bleischrote.
Stonfo-Bleizange	Zum Andrücken und Entfernen von Spaltschroten von der Schnur.
Wickelbrettchen	Für fertige Montagen zum Stipp- und Matchangeln.
Sortiment Gummischläuche und -röhrchen	Für verschiedene Stärken von Posenkielen.
Einhänger, Minikarabiner, Gummischuhe für Waggler-Posen	Zur schnellen Befestigung eines »Waggler« an der Schnur.
Schnurstopper und Kunststoffperlen	Für die Herstellung von Laufposen-Montagen.
Miniwirbel	Zum Angeln in der Strömung. Verhindern Schnurdrall.
Vorfachschnüre auf Kleinspulen	Verschiedene Stärken für unterschiedliche Situationen.
Lotbleie	Zum Feststellen der exakten Wassertiefe.

Spaltschrot – Gewichte

SSG	1,90 Gramm	No. 5	0,10 Gramm
SG	1,60 Gramm	No. 6	0,08 Gramm
AAA	0,80 Gramm	No. 7	0,07 Gramm
BB	0,40 Gramm	No. 8	0,06 Gramm
No. 1	0,30 Gramm	No. 9	0,05 Gramm
No. 3	0,20 Gramm	No. 10	0,04 Gramm
No. 4	0,17 Gramm		

Angelmethoden – Friedfische 133

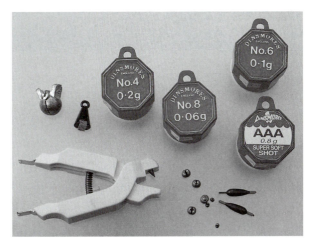

Unentbehrlich zum erfolgreichen Posenangeln: Lotbleie, Spaltschrote, Torpillen und eine Spezialzange zum Anklemmen bzw. Lösen der Schrote.

Wie werden die Spaltschrote auf der Schnur verteilt?

Zerstreut: Verteilung auf einer Länge von 0,5–1 m. Nach unten werden die Schrote kleiner.	⇒ Langsames, natürliches Absinken des Köders.	⇒ Falls Zielfische etwas höher stehen. Biss beim Absinken möglich.
Kompakt: Torpille und Spaltschrote am unteren Ende der Schnur über dem Vorfach auf wenige cm zusammengeschoben.	⇒ Köder sinkt schnell ab und wird sicher in Grundnähe gehalten.	⇒ Der Anbiss von unerwünschten Kleinfischen im Mittelwasser wird weitgehend vermieden. ⇒ Auch für schnelle Strömung

Hinweis:
Nur weiche Bleischrote verwenden!
Zu hartes Blei kann beim Anklemmen
die Schnur beschädigen.

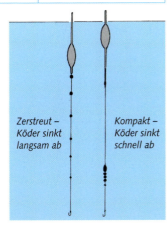

Zerstreut – Köder sinkt langsam ab

Kompakt – Köder sinkt schnell ab

Merke
Das Vorfach bleibt grundsätzlich frei.
Die Beschwerung wird immer auf der
Hauptschnur darüber angebracht!

Welche Pose für welches Gewässer?

Posenart z. B.	Gewässerart/Bedingungen	Bemerkungen
Allround-Pose	Universell für Still- und Fließwasser (auch für kräftige Strömung, Wirbel, kurze harte Wellen)	Köder wird durch kompakte Bebleiung in Grundnähe gehalten oder schleift über den Boden.
Stachelschweinpose bzw. leichte Stabpose	Stillwasser, Windstille, geringe Distanz	Bietet dem Fisch sehr wenig Widerstand.
Tiefer Tropfen (Driftbeater) Crystal-Waggler (vorgebleit)	Stillwasser, Windstille, geringe Distanz.	Waggler-Montage. Stabile Lage auch bei leichten Wellen. Windstabil da Schnur unter Wasser liegt.
Stickpose (ohne Antenne) Avon-Pose (Stipp-Rute)	Leichte Strömung.	Verzögertes Führen in der Strömung möglich (z.B. Trotting), ohne dass sich die Pose flach legt.
Leichtes Strömungsei (Stipp- und Bolognese-Rute)	Wind, Wellen, unruhiges Wasser.	Sehr universell. Kompakte Bebleiung.
Zapfenpose (Loafer)	Raue Strömung, große Köder.	Mit 4-6 größeren Spaltschroten kompakt bebleien, um den Köder sicher in Grundnähe zu halten.

Größere Posen sind oft vorgebleit ➙ weniger Blei auf der Schnur notwendig.

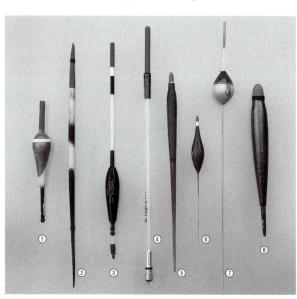

Posentypen
① *Allroundpose*
② *Stachelschweinpose*
③ *Tiefer Tropfen*
④ *Crystal-Waggler*
⑤ *Stickpose*
⑥ *Avonpose*
⑦ *Leichtes Strömungsei*
⑧ *Zapfen (Loafer)*

Angelmethoden – Friedfische

Wie wird die Pose an der Schnur befestigt?

	Wo?	Womit?
2-Punkt	Oben an der Antenne und unten am Kiel.	Öse, Gummiring.
1 Punkt	Unten am Kielende (Waggler-Posen).	Öse, Spezialeinhänger auf der Schnur.

Ein Waggler kann grundsätzlich feststehend oder gleitend auf der Schnur angebracht werden.

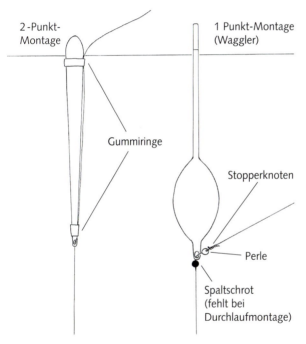

Beide abgebildete Posen sind auf der Schnur fixiert. Bei einer Gleitpose (Durchlaufmontage) »läuft« dagegen die Schnur durch ein oder zwei Ösen an der Pose bis zu einem Stopperknoten, der die Tiefeneinstellung bestimmt.

Wann verwendet man eine gleitende Pose?

Grundsätzlich wenn die gewünschte Stelltiefe der Montage die Rutenlänge überschreitet, da eine feste Montage nicht mehr problemlos ausgeworfen werden könnte.

Einige Tipps fürs Posenfischen

- Exaktes Ausloten der Gewässertiefe.

- Einschätzen der Tiefe, in der die Fische Nahrung aufnehmen (Normalerweise beginnt man i.d.R. dicht über Grund und variiert die Tiefe bei Bedarf).

Angelmethoden – Friedfische

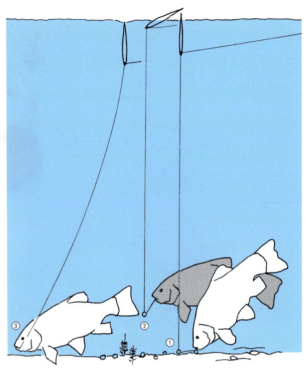

Lift- (Hebe-) Montage (Brassen, Schleien u.a.)

① Das letzte Spaltschrot liegt als Bissblei (ca. 5 cm vor dem Köder) auf dem Grund auf.

② Der Fisch nimmt den Köder auf und hebt auch das Bissblei an. Die Pose steigt auf und legt sich flach.

② Der Fisch nimmt den Köder und zieht am Grund davon. Die Pose taucht ab.

- Auswahl der leichtest möglichen Pose, um das Gerät so fein wie möglich zu halten. Starker Wind, schnelle Strömung, schwere Köder und scharfer Wind verlangen schwerere Posen. Durch Variieren der Beschwerung kann auch die Sensibilität schwerer Posen angepasst werden.
- Die Farbe der Antenne muss sichtbar sein (schwarz, orange, rot, weiss und gelb je nach Lichtverhältnissen).
- Die Hauptbeschwerung sollte direkt an oder im Fuß der Pose liegen[1]. Zuviel Blei an der Schnur könnte der Fisch beim Biss bemerken. Deswegen sollen die Bleischrote zum Haken hin kleiner werden.
- Bei richtiger Beschwerung ist nur die Spitze (Antenne) der Pose sichtbar.
- Nicht auf zu große Distanz angeln. Die Kontrolle über Schnur und Pose wird mit zunehmender Entfernung schwieriger.

[1] **Gewichtsverteilung zwischen Schnur und Pose**

	Pose	Schnur
Festellmontage	90 % Gewicht	10 % Gewicht
Durchlaufmontage	65 % Gewicht	35 % Gewicht

Bisserkennung – Die Pose...

• ... stellt sich direkt nach dem Einwerfen nicht richtig auf.	⇒ Fisch hat bereits im Absinken gebissen.
• ... stellt sich sofort nach dem Einwerfen vollends auf.	⇒ die Montage hat sich im Flug verheddert und hängt nun dicht unter der Pose.
• ... zittert im Wasser.	⇒ Fisch spielt am Köder herum.
• ... taucht ab.	⇒ Fisch zieht mit Köder ab.
• ... hebt sich.	⇒ Fisch hat den Köder der Hebe-Montage aufgenommen und das unterste Bleischrot (Anzeigeblei) entlastet. Pose bekommt Auftrieb und legt sich möglicherweise sogar flach aufs Wasser.
• ... bewegt sich gegen die Strömung.	⇒ Fisch schwimmt mit dem Köder stromauf.
• ... bewegt sich mit der Strömung, aber schneller.	⇒ Fisch schwimmt mit dem Köder stromab.

Spezialfall: Stippfischen

- Vor allem für kleinere Fischarten: Weißfische, z. B. Rotaugen, Rotfedern, Hasel, Güster, Blei.

Gerät

Stipprute (Kopfrute): Länge 3–16 m. Keine Rolle, die Schnur wird direkt an der Spitze befestigt.
Lange Ruten müssen beim Einholen eines Fisches oder beim Beködern auseinander gesteckt werden.

Englischer Stippfischer an einem Kanal. Stippruten können bis 16 m lang sein.

Welche Vorteile und Nachteile hat das Stippfischen gegenüber dem Angeln mit Rute und Rolle?

Vorteile
- Der Köder kann leise und sanft (kein Einfallgeräusch) bis auf Maximallänge der Rute angeboten werden.
- Die Rutenspitze befindet sich relativ nahe an der Pose → gute Kontrolle über die Präsentation des Vorfachs und den Köder.
- Kein Auswerfen des Köders → dadurch kein Verheddern der Schnur.
- Die Leine liegt nie lose auf dem Wasser → schneller Kontakt zum Fisch.
- Stärkerer Wind stört wenig.

Nachteile:
- Der Köder kann i.d.R. nicht über die maximale Länge der Rute hinaus angeboten werden.
- Große Fische können ein Problem darstellen.

Können mit einer Stipprute trotzdem auch größere Fische gedrillt werden?

Mit einem elastischen Gummizug im Inneren der Rute. Er tritt an der Rutenspitze aus und ist mit der Angelschnur verbunden. Ein stärkerer Fisch zieht den Gummi aus der Rute und muss gegen dessen Zugkraft ankämpfen.

Gummizug-Montage im Inneren einer Stipprute

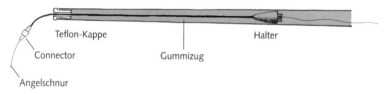

Angeln mit schwimmenden Naturködern

- Für nahe unter der Oberfläche stehende Fische: Karpfen, Döbel, Rotfedern, Rapfen.
- Beste Stellen: Krautbetten, unter Bäumen, an Schilfkanten u.ä.

Wann sind die Erfolgschancen am besten?

An warmen Sommertagen. In der Regel nicht direkt zu gesichteten Fischen werfen, sondern die Köder mit dem Wind zum Einsatzort treiben lassen oder die Route der umherkreuzenden Fische einschätzen und den Köder entsprechend vorlegen.

Angelmethoden – Friedfische

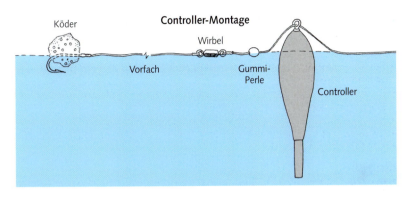

Köder	Befestigung am Haken
Brotkruste	Streifen mit Daumen und Zeigefinger zusammenfalten und Hakenspitze zwei Mal durch die Kruste stecken
Brotflocke (ohne Kruste)	Kleinen Teil am Hakenschenkel andrücken, Rest bleibt flockig.
Forellenpellets	Mit Köderband.
Hunde-/Katzenplätzchen (trocken)	Falls nötig Loch in Plätzchen bohren. Mit feiner Schnur an den Hakenschenkel binden.
Casters	Ganz auf feindrähtigen Madenhaken aufziehen.

Methode

	Anbieteweise	Distanz
Tippen	Köder senkrecht von oben auf das Wasser auftippen, ohne dass das Vorfach die Wasseroberfläche berührt.	Nur auf Rutenlänge, außer bei Wind.
Auswerfen	Wasserkugel – Controller, bebleiter Waggler als Wurfgewicht.	Bis ca. 20 m

Kleinfische wie Lauben (Ukeleis) sammeln sich bei schwimmenden Brotstückchen. Dadurch werden wiederum Raubfische angelockt.

Angelmethoden – Friedfische

Mit dem Grundblei

Worin liegen die Vorteile gegenüber dem Angeln mit der Pose?

- Erreichbar sind größere Wurf-Distanzen und tieferes Wasser.
- Der Köder kann immer verläßlich direkt am Grund präsentiert werden.
- In schnell fließendem Wasser kann der Köder präzise an einer Stelle angeboten und dort gehalten werden.

Geeignetes Gerät

Rute 2,75 m bis 3,60 m. Schnur meist etwas stärker als beim Posenfischen.

Grundblei-Typen

Arlesey Bombe, Birnenblei:	erfunden vom legendären Dick Walker in den 1950er Jahren. Aerodynamisches Blei mit eingegossenem Wirbel. Sehr vielseitig verwendbar.
Tellerblei:	bleibt auch in stärkerer Strömung sicher liegen.
Kugelblei:	mittig durchbohrt oder mit Seitenöse.
Sargblei, Durchlaufblei:	traditionelles Durchlaufblei. Gut für Strömung.

Fortsetzung siehe Seite 141

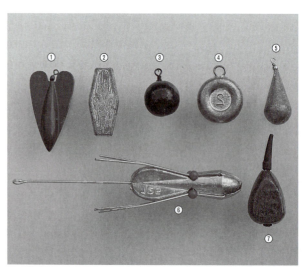

Grundblei-Typen
① Flügelblei
② Sargblei
③ Kugelblei
④ Tellerblei
⑤ Birnenblei
⑥ Krallenblei
⑦ Inlineblei

Angelmethoden – Friedfische

Flügelblei, Trilobe:	steigt beim Einholen der Schnur schnell nach oben.
Anti-Tangle-Blei:	auf weichem oder steifem Röhrchen aufgeschobenes Blei. Dadurch wird das Verhängen des Vorfachs beim Wurf vermieden.
Inline-Blei:	der Vorfachwirbel wird in das Blei eingezogen → Fluchtmontage.
Helikopter-Blei:	das Vorfach wird seitlich eingehängt und rotiert beim Wurf um die Schnurachse → weniger Verhängungen.
Krallenblei:	Drahtkrallen halten auch in starker Strömung das Blei am Platz (Ströme, Brandung). Beim Einziehen klappen die Krallen um und geben das Blei frei.

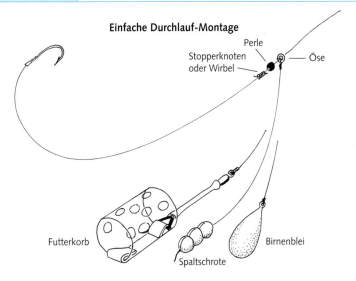

Einfache Durchlauf-Montage

Durchlauf-Montagen: Der Fisch kann beim Anbiss Schnur abziehen

Beispiele:

Leichte Spaltschrot-Montage	Zum leichten Pirschangeln am Fluss oder in Ufernähe.	Einfacher Aufbau: Nylon um Hauptschnur herumlegen und mit gewünschter Zahl Spaltschrote festklemmen.	Schrote lösen sich bei einem Grundhänger vom Nylon.
Leichte Birnenblei-Montage	Zum leichten Strömungsangeln.	Hauptschnur läuft durch die Öse des Birnenbleis oder ein Leger-Bead.	Vor den Vorfachwirbel kommt eine Perle, um den Knoten zu schonen.
Boom-Montage	Für schwerere Montagen.	Die Schnur läuft durch ein Röhrchen auf dem das Leger-Bead sitzt.	Der so genannte »Boom« verringert beim Wurf das Verhängungsrisiko.

Flucht-Montagen (halbfeste-Grundblei-Montagen)

I.d.R. für Karpfen, Schleien oder Barben und in Verbindung mit einer Haar-Montage (Hair-Rig).
Beispiele:

Halbfeste Bleimontage (Semi-Fixed Bolt-Rig)	Vorfachwirbel in *In-Line Blei* eingezogen. »Halbfeste« Verbindung mittels eines Gummiüberschubs.	Schnur läuft meist durch ein zusätzliches Anti-Tangle Röhrchen.
Helikopter-Rig	Das Vorfach hängt als Paternoster an einer drehbaren Montage seitlich über dem Blei.	Vorfach rotiert während des Wurfes frei um die Schnur-Achse und verhängt sich nicht so leicht.

Schema einer Fluchtmontage

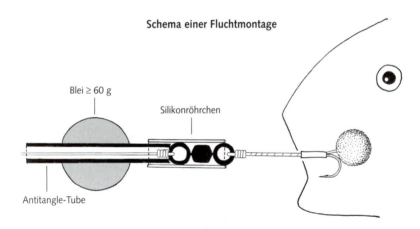

»Halbfest« (engl. semi-fixed) heißt:
Bei einem Schnurbruch kann sich das Blei vom Schnurrest lösen ohne den Fisch weiter zu behindern.

Wie funktioniert eine Selbsthak- oder Fluchtmontage mit Hair-Rig?

Der Fisch (z. B. Karpfen, Barbe, Schleie) nimmt den Köder auf, saugt dabei den Haken ein ➞ Die Spitze bleibt vorne im Maul hängen ➞ der Fisch erschrickt ➞ wendet sich ab ➞ spannt das kurze Vorfach gegen das Gewicht des Grundbleis ➞ flüchtet und hakt sich dabei selbst.

Angelmethoden – Friedfische

Mit dem Futterkorb (Feeder)

Statt einem Blei wird ein kleiner beschwerter Futterkorb mit Lockfutter ausgebracht. Vorteil gegenüber einem normalen Grundbleis: Das Futter kann gezielt und kompakt auf größere Entfernung angeboten werden. Außerdem liegt der Hakenköder immer dicht am Grundfutter.

Feeder-Typen

Immer den passenden Feeder für eine bestimmte Angelsituation wählen. Der Feeder muss so schwer sein, dass er sich leicht über die gewünschte Distanz werfen läßt, aber im Fließwasser gerade noch auf der Stelle liegen bleibt, ohne von der Strömung mitgerissen zu werden.

Gewässertyp	Feeder-Gewicht
Stillwasser	ca. 25 g
Fließwasser, großer Strom (Rhein, Oder, Donau)	60 bis 200 g

Die wichtigsten Feedertypen

Block-end Feeder	Meist aus Plastik und nur an einer Seite offen. Kleine Seitenöffnungen.	Ideal für Maden: sie kriechen nur langsam heraus.
Open-end Feeder	An beiden Enden offen. Aus Draht oder Plastik.	Im Fluss spült die Strömung das Futter heraus.
Futterspirale	Spiraldraht um Spindelblei.	Futterball um die Spirale kneten.
Madenschwamm	Mittelfeines Knäuel aus Kunststoffdrähten.	Füllt sich in der Köderbox selbst mit Maden.

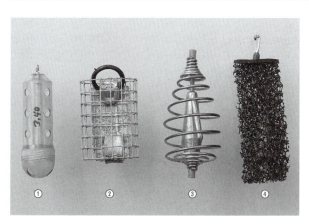

Feeder-Typen
① *Block-end Feeder*
② *Open-end Feeder*
③ *Futterspirale*
④ *Madenschwamm*

144 Angelmethoden – Friedfische

Bisserkennung beim Grundangeln

Anzeige über die Rutenspitze

	Aufstellung/Anbringung	Fischart	Anzeige eines Bisses
Aalglöckchen	An der Rutenspitze angeklemmt.	Kräftig zupackende Fische (Aal, Barbe, Karpfen).	Glöckchen schlägt an (kräftige Bisse).
Zitterspitze (Winkel-Picker, Feeder-Ruten)	Flexible Verlängerung der Rutenspitze (eingeschoben, geschraubt).	Vorsichtig und sanft nehmende Fische (z. B. Weißfische).	Spitze schlägt je nach Fischart mehr oder minder kräftig aus.
Schwingspitze Sie ist lose mit der Rutenspitze verbunden und verlängert sie.	An der Rutenspitze schräg nach unten hängend.	Wie oben.	Heben der Spitze: Fisch schwimmt von der Rute weg. Senken der Spitze: Fisch schwimmt auf die Rute zu (Fallbiss).

Anzeige über die Schnur

	Aufstellung/Anbringung	Fischart	Anzeige eines Bisses
Hand	Die Schnur wird zwischen Zeigefinger und Daumen gehalten, der Biss gefühlt. Für Fließwasser.	Für deutliche Bisse (Karpfen, Barbe u.ä.).	Zupfen, Rucken, Zug.
Einhänger (Teigbällchen, Filmdöschen etc.)	Wird zwischen den beiden untersten Ringen eingehängt.	Wie oben.	Wegschwimmender Fisch: Bobbin steigt. Auf die Rute zuschwimmender Fisch (Fallbiss): Bobbin fällt.
Swinger und Kletteraffe	In Verbindung mit einem elektronischen Bissanzeiger, zur Schnurstraffung.	Wie oben.	Für Fallbisse: Schnur wird durch das Gewicht durch den elektronischen Anzeiger gezogen, der daraufhin anschlägt.
Elektronischer Bissanzeiger	Schnur läuft durch eine elektronische Schranke.	Wie oben.	Zieht der Fisch ab »piept« und blinkt der Anzeiger.

Angelmethoden – Friedfische 145

Eine Schwingspitze zeigt in Richtung der zum Köder laufenden Schnur oder in einem Winkel von bis zu 45° Grad zur Schnur. Die Schnurspannung ist gering, der Fisch spürt keinen Widerstand beim Nehmen des Köders.

Angeln mit der Zitterspitze (Quiver-Tip) verlangt höchste Konzentration. Man beachte die verschiedenen Fläschchen mit Lockstoffen. Grundsätzlicher Aufbau der Rute: Im schrägen Winkel zum Wasser damit die Spitze bei Zug des Fisches ausschlagen kann.

Angelmethoden – Friedfische

Seltener Fang: Ein Giebel wurde mit Hilfe der Zitterspitze überlistet.

Karpfenruten auf einem Rutenständer (Rod Pod) mit elektronischem Bissanzeiger und Swinger.

Die Länge des Vorfachs (unbeschwerter Schnurteil)

Die angegebenen Werte sind Vorschläge und bauen auf Erfahrungen bekannter Wettkampfangler auf von denen natürlich individuell abgewichen werden kann.

Stippangeln		Feederangeln	
Lauben	7 cm	Brassen [1]	80–100 cm
Rotauge	15 cm	Karpfen	50–60 cm
Große Rotaugen	22 cm	Kleine Rotaugen	20 cm
Brassen	37 cm		
Matchangeln	37 cm		

[1] Bei regelmäßigem Auftreten von Fehlbissen: Vorfach stückweise um 20 cm einkürzen, bis Fische gehakt werden.

Angelmethoden – Raubfische

Der Fang von Raubfischen wird von vielen gewissermaßen als Höhepunkt aller anglerischen Anstrengungen gesehen. Nicht zuletzt deswegen weil einige Fischarten besonders groß werden und deshalb immer die Chance auf eine außergewöhnliche Trophäe besteht.

Angeln mit Kunstködern

Ist ein Stahlvorfach notwendig?
Immer wenn in dem betreffenden Gewässer Hechte vorkommen. Empfohlene Länge: mindestens 20–30 cm. Tragkraft 7–13 kg.

Hechte haben scharfe Zähne, aber ein Stahlvorfach können sie nicht durchbeißen.

Die wichtigsten Kunstköder im Süßwasser

Kunstköder	Wirkungsweise	Hauptsächliche Fischarten	Ausführung
Klassische Kunstköder			
Spinner	Um eine Achse rotierendes Metallblatt, das Lichtsignale und Druckwelle aussendet. Fische empfangen die Druckwelle im trüben Wasser über ihre Seitenlinie. Kombination mit Weichplastikköder möglich.	Alle Raubfische	Sinkend
Blinker (Löffel)	Flacher Metallköder in Löffelform, der im Wasser taumelt und Lichtreflexe aussendet. Einer der ältesten Kunstköder.	Alle Raubfische	Sinkend
Krautblinker	Mit flachgelegten Einzelhaken am Blinkerblatt. Bei einem Biss schlägt der Haken durch einen Klappmechanismus nach außen um und hakt den Fisch.	Hecht, Barsch, Schwarzbarsch	Sinkend

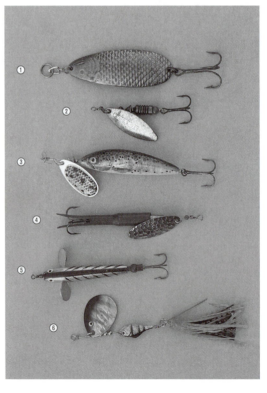

① *Blinker (Löffel)*
② *Spinner*
③ *Spinner-Wobbler Kombination*
④ *Flying C (Lachsspinner)*
⑤ *Devon*
⑥ *Spinner-Bait*

Angelmethoden – Raubfische

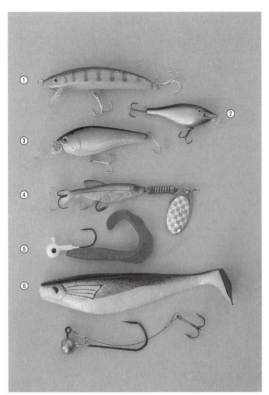

① und ②
flachlaufende Wobbler
③ Tiefenwobbler
④ Spinner mit Gummifisch
⑤ Bleikopf und Gummischwanz (Twister)
⑥ Gummifisch am Bleikopfsystem

Kunstköder	Wirkungsweise	Hauptsächliche Fischarten	Ausführung
Plugs	In Amerika die Bezeichnung für eine Gruppe von Raubfischködern aus Holz, Plastik oder Hartschaumstoff. Bei uns allgemein als »Wobbler« bezeichnet.		
Crankbait	Material: Holz, Kunststoff. Der populärste Vertreter dieser Gruppe besitzt am Kopf eine Tauchschaufel, so dass auch unbeschwerte Köder bei Zug untertauchen und eine lebendige Aktion beginnen. Die Länge und der Winkel der Schaufel zum Körper bestimmt die Lauftiefe.	Alle Raubfische	Schwimmend bis sinkend.
Jerkbait	Ohne Tauchschaufel. Wird nur durch ruckartige Führung zum Taumeln und Flattern gebracht. Imitiert einen kranken, desorientierten Kleinfisch.	Hecht, Schwarzbarsch	Schwimmend und sinkend.

150 Angelmethoden – Raubfische

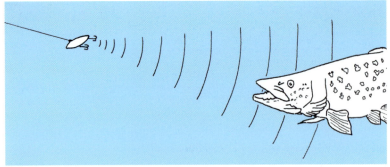

Ein Hecht nimmt die verführerischen Vibrationen eines Wobblers vor allem über seine Seitenlinie wahr.

Kunstköder	Wirkungsweise	Hauptsächliche Fischarten	Ausführung
Stickbait	Oberflächenköder ohne Tauchschaufel. Durch ungleiche Gewichtsverteilung unregelmäßiges seitliches Ausbrechen beim Einholen.	Schwarzbarsch, Hecht	Schwimmend
Propbait	Ein Propeller an einem oder beiden Enden des Köders sorgt beim Einholen für reichlich Aktion. Ein klassischer Oberflächenköder.	Schwarzbarsch, Hecht	Schwimmend
Chuggers	Ohne aufgesetzte Tauchschaufel, aber mit verschieden eingebuchteter Frontpartie, um beim Einholen Wasserdruck zu erzeugen.	Schwarzbarsch, Hecht	Schwimmend
Trolling Plugs	Spezielle Wobbler zum Schleppangeln hinter einem Boot. Aufgrund ihrer Form und ihres Gewichtes weniger als Wurfköder geeignet.	Hecht, Lachs Meer-, Seeforelle	Schwimmend und sinkend.
Andere Kunst-Köder			
Spinner Bait	Flatterköder mit taumelnden Spinnerblatt und Einzelhaken für verkrautete Gewässer, flachlaufend. Sehr gut auch in angetrübten Wasser. Weniger Hängergefahr durch nach oben weisenden Haken. Gewicht etwa 15–100 g.	Schwarzbarsch, Barsch, Hecht	Sinkend
Jig	Kunstköder (Federn, Weichplastik) mit Bleikopf, den man durch die Bewegung der Rutenspitze im Wasser auf und ab hüpfen läßt. Verschiedenste Ausführungen: Twister, Gummifisch, Wurm etc.	Zander, Barsch, Forelle	Sinkend

Angelmethoden – Raubfische

Kunstköder	Wirkungsweise	Hauptsächliche Fischarten	Ausführung
Devon	Durch zwei schräg stehende Schaufeln im Kopfbereich dreht sich dieser zigarrenförmige Köder um die eigene Achse. Aus Holz, Metall, Kunststoff.	Lachs	Sinkend
Streamer	Kleinfisch-Imitation zum Fliegenfischen.	Alle Raubfische	Beschwert und unbeschwert.

Wie lang soll ein Kunstköder sein?

- Forelle, Barsch: 3–5 cm
- Zander: 3–9 cm
- Hecht: 6–13 cm (bis 25 cm)

Merke

Vor allem bei rotierenden Ködern muss unbedingt ein guter Wirbel vor dem Köder in die Schnur geschaltet werden, um das Verdrallen der Schnur zu vermeiden.

Braucht man unbedingt einen Drillingshaken?

Nein! Drillingshaken richten vor allem bei kleineren Fische (Schonmaß!) große Verletzungen an. Am besten zwei Arme abklemmen oder gegen einen Einzelhaken auswechseln.

Beim Fliegenfischen ist es normal Einzelhaken zu verwenden. Sie halten große Fische sogar sicherer als Drillinge mit vergeichsweise kleinen Hakenbögen wie man sie gewöhnlich an handelsüblichen Kunstködern findet. Dieser Hecht von 8,7 kg ging an einen Streamer mit Einzelhaken der Größe 6/0

Welche Rolle spielt die Farbe des Köders?

Es gilt folgende Faustregel (und manchmal auch das Gegenteil):

Bedingungen	Köderfarbe
Heller Tag, Sonne	Heller Köder, glänzendes Silber kann aber vor allem bei Sonne abschreckend wirken, mattiert ist besser.
Bedeckter dunkler Tag	Dunkler Köder.
Nacht	Schwarz bietet von unten gesehen einen besseren Kontrast gegen die helle Wasseroberfläche als jede andere Farbe.
Klares Wasser	Matte, natürlich wirkende Köder.
Eingetrübtes Wasser	Orange, Gelb, Rot (grelle Kontraste).

Dieses Zubehör sollten Sie beim Raubfischangeln immer dabei haben:
- Hakenschärfer
- Rachensperrer mit glatten Backen
- Längere Lösezange (Hecht!)

Auf Raubfisch mit Naturködern

Achtung!
In Deutschland ist die Verwendung lebender Köderfische in den meisten Bundesländern untersagt!

Was fressen Raubfische besonders gerne?

- Rotaugen, kleine Döbel, Schneider, Laube.
- Meeresfische: Makrele, Hering, Stint, Sprotten, Sardinen.

Vor allem für Wels, Aal, Aalquappe
- Tauwurm- oder Blutegel-Bündel
- Hühnerleber (geruchsintensiv)
- Fischrogen (große Eier von Salmoniden)

Merke

Alle Köder sollten frisch sein.

In Stücken oder ganz?

Tote ganze Fische	Hecht, Zander, Barsch, Rapfen, Wels, Aal
Fischstücke	Aal, Wels, Zander, auch Hecht

Angelmethoden – Raubfische

Montagen für tote Köderfische

Hakenbefestigung	Beschreibung	Fischart/Anschlag wann
Durch die Lippe	Hakenspitze durch die Nasenöffnung, von innen nach außen. Hakenspitze soll aus dem Maul ragen.	Zander, Barsch, Wels, Großforelle. Anschlag bei Abziehen des Fisches.
Seitlich am Körper	So genanntes »Schnappsystem« Zwei Zwillingshaken sitzen seitlich am Körper, gehalten von einem Haken unterhalb der Rückenflosse.	Für Hecht. Anschlagen sobald die Pose abtaucht. Die Haken befinden sich bereits vorne im Maul.
Unterhalb der Rückenflosse	Der Bogen eines einzelnen Drillings wird knapp unter der Rückenflosse durchgestochen. Zwei Hakenspitzen sind frei.	Hecht, Wels. Anschlag bei Hecht: Nachdem dem ersten Abziehen bleibt der Fisch stehen. Umdrehen des Köders, damit er ihn schlucken kann. Anschlag nach erneutem Abziehen.
Vorfach durch den Körper	Fisch so mit Ködernadel auf Vorfach aufziehen, dass die Hakenspitze etwas seitlich aus dem Maul herausragt.	Kleine Köderfische (Gründling) für Aal. Anschlag bei Abzug der Leine.
Am Haar	Köderfisch auf Haar aufziehen.	Z. B. vorsichtig beissende Zander. Anschlag kurz nachdem der Fisch genommen hat.

Verschiedene Montagen für tote Köderfische

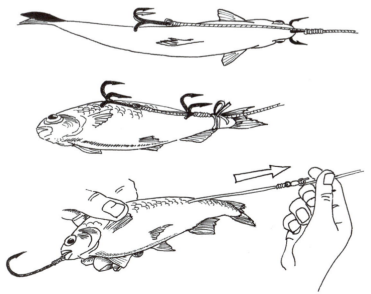

Angelmethoden – Raubfische

Grundmontage für Wels in der Strömung

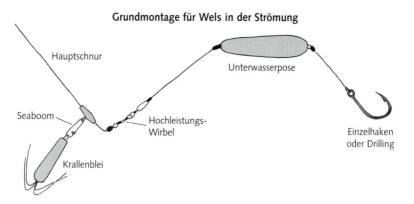

Stellfisch-Montagen

Pose	Stärkerer Korkschwimmer oder Raubfischpose. Köderangebot je nach Stelltiefe. Beschwerung mit Kugelblei.
Segelpose	Wie oben. Ablandiger Wind treibt die windfängige Pose vom Ufer weg.
Unterwasserpose	Die Schnur wird durch ein Grundblei am Boden fixiert, aber durch den Auftrieb der zwischen Blei und Haken geschalteten Pose schwebt der Köderfisch über Grund.
Mit Boje	Schwere Pose als Boje mit Grundblei verankert. Zwischen Boje und Rutenspitze hängt der Köderfisch an einem Seitenarm dicht unter der Oberfläche. Eine Spezialmethode für Welse.
Mit Grundblei	Köder liegt entweder direkt am Grund auf oder schwebt mit Hilfe eingespritzter Luft oder eingeführtem Auftriebskörper (Styropor-, Korkkugel).

Drachkovitch-System zum Zupfangeln auf Zander

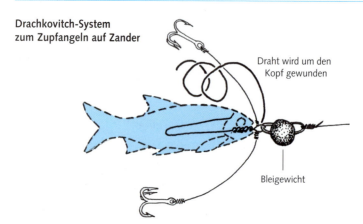

Angelmethoden – Raubfische

So fängt man Köderfische

	Fischarten	Köder	Hakengröße
Stippangel	Rotauge, Rotdfer, Karausche, Barsch.	Made, Stück Rotwurm, Teigkügelchen. Anfüttern hilfreich.	14–16
Köderfischsenke (nicht überall erlaubt)	Alle in Frage kommenden Kleinfischarten.	Mit feiner Futterwolke als Lockmittel. Am besten von Brücken, Stegen etc.	
Fliegenrute	Oberflächenaktive Kleinfische wie Ukelei, Rotfeder, Hasel, Döbel.	Kleine Trockenfliegen, Nymphen.	14–16

Schleppfischen (Trolling)

Nachziehen eines natürlichen oder künstlichen Fischköders hinter einem Boot (Ruder-, Motorboot)

Schleppfischen mit einem Ruderboot auf dem Chiemsee.

Traditionell mit Schlepprolle (Stuckirolle)

Vom Ruderboot aus auf Seeforellen und Seesaiblinge in Alpenseen (z. B. Walchensee). Um die gewünschte Tiefe zu erreichen benötigt man Bleigewichte bis zu 3 kg. Köder: gut spielende dünnblechige Blinker oder Perlmuttlöffel. Je nach Bestimmungen sind mehrere Anbissstellen möglich. Vorfachlänge: 5 m bis 10 m. Die Schnur läuft über eine federnde Auslegegabel an der Rolle, die bei einem Biss zu rucken anfängt. Der Fisch wird dann von Hand an die Oberfläche gekurbelt.

Angelmethoden – Raubfische

Einfaches Schleppfischen

Ein künstlicher (Blinker, Wobbler) oder natürlicher Köder (toter Fisch am System) wird hinter einem Boot geschleppt. Hängt der Köder nur an der Angelschnur läuft er relativ nahe der Oberfläche. Bei Einsatz eines Wobblers ist die Stellung der Tauchschaufel entscheidend. Größere Tiefen werden mit verschiedenen technischen Vorrichtungen erreicht.

Mit Paravan oder Tauchscheibe

Diese Hilfsmittel werden in die Angelschnur oberhalb des Köders geschaltet. Durch den Strömungsdruck gehen sie in die Tiefe. Bei einem Biss klappt das Gerät so ein, dass es weniger Widerstand beim Einholen bietet.

»Trolling« mit Downrigger

Auf Lachse und Meerforellen (zum Beispiel) in der Ostsee mit Hilfe von so genannten Downriggern und einem Echolot. In einem speziell ausgerüsteten Motorboot werden mehrere Ruten montiert, an denen künstliche Köder in verschiedenen Wassertiefen hinter dem Boot her geschleppt werden.

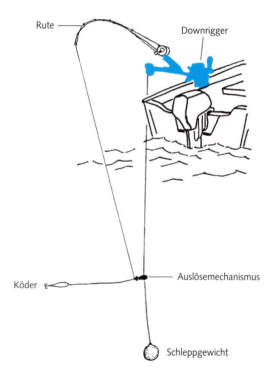

Angelgerät zum Schleppfischen

Ohne Downrigger	Mittelschwere Spinnrute, große Stationärrolle oder mittlere Multirolle (Schnur: 0,40 mm Monofil)
Mit Downrigger (z. B. Ostsee ➡ Großlachs)	Downrigger-Rute 12-20 lb, Multirolle: 0,40–0,60 mm Monofil (200–300 m)

Achtung: Farbveränderungen in der Tiefe!
Je tiefer ein Kunstköder läuft (und je trüber das Wasser wird), desto mehr verliert er seine spezifische Farbe. In größeren Tiefen (15 m und darunter) bevorzugen Spezialisten Perlmutt-Blinker oder natürliche Köder.

Was ist ein Echolot?

Es wird auch »Sonar« genannt: Abkürzung für »**SO**und, **NA**vigation and **R**anging« (Schall, Navigation und Reichweite). Ursprünglich im Zweiten Weltkrieg zur Ortung von U-Booten entwickelt.
Das Gerät verwendet man häufig beim Schleppfischen. Es zeigt Wassertiefe, Bodenrelief, Fischschwärme und sogar einzelne Fische an.

Arbeitsweise
Ein **Sender** gibt einen elektrischen Sendeimpuls ab. Der **Geber** wandelt den E-Impuls in eine Schallwelle um. Diese trifft auf ein Objekt, wird reflektiert und kehrt als »Echo« zurück zum **Schwinger**, der es wiederum in einen E-Impuls zurückverwandelt. Ein **Empfänger** fängt diesen auf und leitet zur **Anzeigeeinheit** (meist ein LCD-Bildschirm) weiter.

Schallgeschwindigkeit im Wasser ist mit etwa 1440 m pro Sekunde ziemlich konstant. Zeitspanne zwischen gesendetem Signal und empfangenem Echo wird gemessen. Daraus errechnet sich die Entfernung.

Angler-Echolote: Frequenzspektrum 50 bis 190 kHz. Für Fische unhörbar.

Fliegenfischen

Gilt allgemein als die eleganteste Angelmethode. Das Werfen der speziellen Wurfleine verlangt Übung und Können. Darin liegt auch ein Grund für den besonderen Reiz dieser Methode.

Zielfischarten

- Früher: fast ausschließlich Salmoniden (Forelle, Äsche, Saibling, Lachs).

- Heute: auch Hecht, Zander, Barsch, Karpfen und andere Cypriniden usw., sowie sehr viele Arten im Salzwasser.

Angelmethoden – Fliegenfischen

Das Werkzeug des Fliegenfischers. Rute und Schnur muss aufeinander abgestimmt sein.

Das Gerät setzt sich zusammen aus:
Fliegenrute – Fliegenrolle – Nachschnur (Backing) – Fliegenschnur – Vorfach – künstliche Fliege.

Die Fliegenschnur

Wie ist eine Fliegenschnur aufgebaut?
Sie besteht aus einer geflochtenen oder monofilen Seele, die mit einem Mantel aus Kunststoff (meist PVC) umgeben ist. Länge zwischen 25 und 30 Meter. Beim Kauf unbedingt auf Qualität achten.

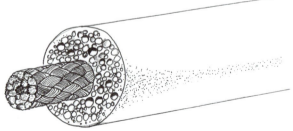

Das Innere
einer schwimmenden Fliegenschnur

Angelmethoden – Fliegenfischen

Die »Keule« der Fliegenschnur ist das Wurfgewicht.

Welche Aufgabe hat die Fliegenschnur?

Sie stellt das Wurfgewicht für die mehr oder weniger gewichtslosen Fliegen dar. Ihr Gewicht muss auf die Rute abgestimmt sein.

Schnurklassen

Einteilung der Gewichtsklassen: AFTMA 1 bis 15.

1–4	Superleichtes Fischen (Weißfische, scheue Salmoniden in kleineren Gewässern).
5–7	Leichtes bis mittleres Fischen auf Äschen und Forellen, (auch kleine Hechte, Karpfen u.ä.).
8–9	Mittelschweres bis schweres Fischen auf größere Hechte, Forellen etc. Im Salzwasser: Bonefish, kleine Tarpon u.a.
10–13	Schweres Fischen auf Großlachs, Huchen etc. , im Salzwasser auf Tarpon, Barracuda u.a.
14–15	Stör, Thun, Marlin, Segelfisch u.a.

Die wichtigsten Schnurtypen

Eine Fliegenschnur ist nicht parallel, sondern verjüngt sich an bestimmten Stellen, um optimale Flugeigenschaften und eine gute Präsentation der Fliege zu gewähren.

DT (Double Taper): Die doppelt verjüngte Schnur ist relativ dick, läuft aber an beiden Enden konisch aus (sie „verjüngt" sich).
Vorteil: Kann auf der Rolle gewendet werden. Das Umlegen („menden") der Schnur auf dem Wasser fällt mit diesem Schnurtyp relativ leicht.

WF (Weight Forward): Der Schwerpunkt einer Keulenschnur befindet sich durch einen dickeren Schnurmantel im vorderen Teil (9,15 m) anschließend folgt eine dünnerer Schnurteil (Schussleine), der beim Werfen die Reibung in den Rutenringen verringert.
Vorteile: Erleichtert Weitwürfe.

TT (Triangle-Taper): Diese Schnur besitzt eine stetig abnehmende Verjüngung auf der ganzen Länge der Keule. Am dünnsten ist sie an der Spitze, am dicksten am Übergang zur dünnen Schussleine.
Vorteil: Sanfte Ablage auf dem Wasser, erleichtert Rollwürfe.

Angelmethoden – Fliegenfischen

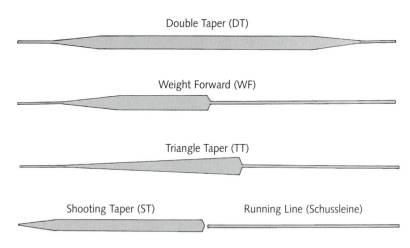

Double Taper (DT)

Weight Forward (WF)

Triangle Taper (TT)

Shooting Taper (ST)   Running Line (Schussleine)

ST (Shooting Taper): Ein Schusskopf besteht aus einem rund 8 m langen Kopfteil (für Zweihandruten zum Lachsfischen auch 11 bis 14m Länge) in schwimmender und sinkender Ausführung. Wird in Verbindung mit einer dünnen Schussleine verwendet. Vorteile: Weitwürfe durch eine extreme „Keule" und die besonders dünne Schussleine.

LL (Level-Line): Eine parallele Fliegenschnur. Wird vor allem als Schussleine (s.o.) verwendet.

Schnurarten für verschiedene Einsatzzwecke

	Einsatzzweck
Schwimmend (Floating)	Meistbenützte Allroundschnur zum Trockenfliegen-, Nassfliegen- und Nymphenfischen.
Sink-Tip	Schwimmschnur mit unterschiedlich langer sinkender Spitze (zwischen 1,5 und 6m). Interessant zum Streamer- und Nassfliegenfischen. Spezielle Nymphentechniken.
Intermediate-Line	Sehr langsam sinkende Schnur, bei langsamen Einholen schwebt sie im Wasser. Zum oberflächennahen Anbieten von Aufsteigern, Nymphen, Nassfliegen und Streamers.
Langsam sinkend Slow Sinking [1]	Sinkt geringfügig schneller als die Intermediate.
Mittelschnell sinkend (Medium Fast Sinking)	Mittelwasser, grundnahes Fischen in flachen Gewässern.
Schnell sinkend (Fast Sinking)	Grundnahes Fischen in schnellen Fließ- oder tieferen Stillgewässern.

[1] Verschiedene Sinkeigenschaften werden allgemein durch unterschiedliche Einmischung von Blei- oder Tungsten-Partikel in die Mantelmasse bewirkt.

Angelmethoden – Fliegenfischen **161**

Was bedeuten folgende Bezeichnungen auf der Fliegenschnur-Verpackung:

WF-S ➥ Weight Forward-Sinking (Keulenschnur – sinkend)
DT-F ➥ Double Taper-Floating (doppelt verjüngt – schwimmend)
ST-S ➥ Shooting Taper-Sinking (Schusskopf – sinkend)

Wie wirken sich unterschiedliche Rutenaktionen bei Fliegenruten aus?

Parabolische (weiche) Ruten biegen sich bei Zug bis in das Handteil durch und bilden annähernd einen Halbkreis.	Langsameres Werfen, Fischen mit Nassfliegen u.ä. Wenig Präzises Werfen möglich.
Semiparabolische (mittelschnelle) Ruten biegen sich bei Zug auf 3/5 der Rutenlänge von der Spitze her. Kräftiges Handteil für genügend Drillkraft.	Gute Allround-Rute zum Trocken- und Nassfischen. Für Anfänger und Fortgeschrittene gut geeignet. Vereint Schnelligkeit mit Sensibilität.
Ruten mit **Spitzenaktion (schnell, hart)** biegen sich hauptsächlich im Spitzenbereich.	Für weite, schnelle Würfe, etwas für erfahrene Werfer.

Welche Rutenklasse und -länge setzt man wo ein?

Einhandruten

Gewässer	Rutenlänge (Einhandruten)	Schnurklasse
Kleiner Bach, üppiger Uferbewuchs	1,80–2,40 m (ohne Überwuchs auch länger)	2–4
Großer Bach, kleiner Fluss	2,60–2,90 m	5–6
Großer Fluss, See	2,60–3,00 m	5–7
Salzwasser	2,70–2,90 m	8–10 (–14)

Die Schnurklasse hängt aber nicht nur vom Gewässer ab sondern auch von der Größe
• der zu erwartenden Fische.
• der verwendeten Fliege:
  große Fliege ➥ hoher Luftwiderstand ➥ schwerere Schnur.
  kleine Fliege ➥ delikate Präsentation ➥ leichtere Schnur.

Beispiel:

Fischart	Fliegenmuster	Schnurklasse
Forellen	Kleine Trockenfliegen, Nymphen	2–4
Forellen	Streamer, Schwere Nymphen	5–7
Größere Karpfen	Kleine Nymphe	6–8
Hechte, Huchen	Großer Streamer	8–10

162 Angelmethoden – Fliegenfischen

Zweihandruten
Führung mit beiden Händen. Zum traditionellen Lachsfischen mit Nassfliegen (Lachsmuster) an größeren Flüssen.

Vorteile der langen Zweihand-Rute an größeren Gewässern:
- ermüdungsfreies, langes Fischen über mehrere Stunden.
- leichteres Erreichen größerer Wurfweiten.
- bessere Führung der Fliege.
- günstigerer Drill eines größeren Fisches.

Warten mit der Fliegenrute

Rollwurf
Wird hauptsächlich dann angewendet wenn zu wenig Raum für den Rückwurf zur Verfügung steht (Büsche, hohes Ufer etc.)

Überkopfwurf
Der am meisten benützte Wurf mit der Einhand- und Zweihandrute, bei dem die Schnur über dem Kopf hin und her geschwungen wird. Voraussetzung ist genügend freier Raum im Rücken des Werfers.

Welche Aufgabe hat das Monofil-Vorfach?

→ wirkt als unsichtbares Zwischenstück zwischen Fliegenschnur und Fliege.
→ sanfte Präsentation der Fliege.

Prinzip eines sich verjüngenden Fliegenvorfachs zum Trockenfliegenfischen:
① *Butt (Oberteil): Überträgt die Wurfenergie der Fliegenschnur auf das Vorfach.*
② *Mittelteil: Bremst die Wurfenergie langsam ab.*
③ *Spitze: Fällt locker in kleinen Kurven aufs Wasser, damit die Fliege natürlich auf dem Wasser treibt.*

Stärke und Länge der Vorfachspitze

Trockenfliegenfischen auf Forellen, Äschen etc.:

Stärke	z. B. Hakengröße 14	0,14 bis 0,16 mm
	z. B. Hakengröße 10	0,16 bis 0,18 mm
Länge	60 bis 90 cm	

Die Vorfachlänge richtet sich nach dem Einsatzbereich

Methode	Vorfachart	Länge
Trockenfliege	monofil, verjüngt	2,50 bis 4,50 m [1]
Nassfliege und oberflächennahe Nymphe: Anbieteweise ähnliche Trockenfliege.	monofil, verjüngt	2,50 bis 4,50 m
Beschwerte Nymphe. Treibt meist dicht am Grund entlang.	monofil, nicht verjüngt	Schwimmschnur: je nach Wassertiefe (ca. doppelte Wassertiefe) Sinkschnur: kurz, ca. 0,5 bis 1,0 m
Streamer. Passives Abtreiben oder aktive Bewegung (z. B. Zupfen mit der Rutenspitze).	monofil, nicht verjüngt	Schwimmschnur: lang (2,0 bis 3,0 m) Sinkschnur: kurz (0,5 bis 1,0 m)

[1] je ruhiger und klarer das Wasser, desto länger sollte das Vorfach sein.

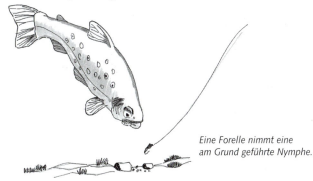

Eine Forelle nimmt eine am Grund geführte Nymphe.

Die Fliegenmuster

Es gibt tausende von verschiedenen Fliegenmustern für die unterschiedlichsten Fischarten.
Prinzipiell lassen sie sich auf wenige Hauptgruppen reduzieren.

	Nachahmung	Wo wird angeboten?
Trockenfliege	• Gerade geschlüpftes Insekt, das sich die Flügel trocknet. • Eierlegendes Insekt.	Auf der Wasseroberfläche schwimmend.
Emerger	Schlüpfendes Insekt, das sich gerade die Nymphenhaut abstreift.	Knapp unter dem bzw. im Oberflächenfilm eingetaucht.
Nassfliege	• Ertrunkenes totes Insekt. • Zum Schlüpfen aufsteigendes Insekt. • Schwimmender Käfer o.ä.	Meist in den oberen Wasserschichten.
Nymphe	• Zum Schlüpfen aufsteigendes Insekt. • Am Gewässergrund lebende Insektenlarve.	In allen Wasserschichten, je nach Darstellungsabsicht.
Streamer	Kleinfisch, (auch Egel, Frosch, Maus u.ä.).	Alle Wassertiefen.
Lachsfliege	Sonderform des Streamers, reine Reizfliege.	Alle Wassertiefen, je nach Jahreszeit. Regel: Kaltes Wasser ➞ tief. 　　　　Warmes Wasser ➞ hoch.

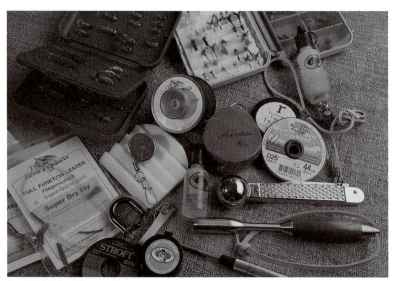

Der Inhalt einer Fliegenweste

Angelmethoden – Fliegenfischen

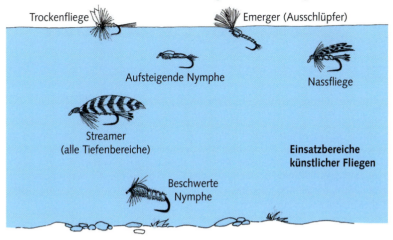

Unterscheidung nach:

	Fliegenmuster	Einsatz
Imitative Muster:	Relativ genaue Nachbildung einer bestimmten Insektenart oder Kleintieres.	z.B. Beim Schlupf der betreffenden Insektenart, wenn die Fische auf diese Art geprägt sind.
Reizmuster:	Keine Imitation eines bestimmten Insekts, aber wegen bestimmter Schlüsselreize für den Fisch attraktiv.	z. B. Einsatz als Suchfliege über möglichen Fischstandorten, wenn kein Schlupf stattfindet, aber der Biss provoziert werden soll.

Insektenaufkommen im Jahresverlauf

	Frühjahr	Sommer	Herbst	Winter
Arten:	Eintagsfliegen, Zuckmücken	Eintagsfliegen, Köcherfliegen	Eintagsfliegen, Köcherfliegen, Landinsekten	Kleine Eintagsfliegen
Zahl der Insekten:	zahlreich (Mai, Juni)	etwas weniger (außer Köcherfliegen)	zahlreich (Sept., Okt.)	sehr wenig, nur an wärmeren Tagen

Die Größe der Insekten nimmt zum Herbst hin ab.

Wann ist die beste Tageszeit zum Fliegenfischen?

	Frühjahr	Sommer	Herbst	Winter
Tageszeit	Tagsüber	Morgens, Abends	Tagsüber	Sonnige Mittagstunden (Äschen)

Spezial-Angelmethoden

Aalpöddern

Vor allem in Norddeutschland ausgeübte Art des Aalangelns ohne Angelhaken.

Methode
Etwa 20–30 Tauwürmer werden mit einer Ködernadel auf ein festes Garn der Länge nach aufgezogen. Diese Wurmschnur wird zu einem Knäuel zusammengelegt und ans Ende der Angelschnur gebunden. Mit Hilfe eines Bleis lässt man es, z. B von einem Boot oder einer Hafenmauer, senkrecht zum Grund hinab. Die Aale verbeißen sich in dem Knäuel, bleiben mit ihren Zähnen in dem Garn hängen und werden mit gleichmäßigem Zug nach oben gehievt.

Eisangeln

Eine besonders in den nördlichen Ländern mit langen Wintern verbreitete Methode Fische im Winter zu fangen. Auf einem zugefrorenen See wird durch ein Loch in der Eisdecke geangelt. Die Angelstelle wird vorher anhand einer Tiefenkarte ausgesucht (z. B. Stellen über Scharkanten, Unterwasserbergen etc.).

Eisangler in Finnland.

Spezial-Angelmethoden **167**

Was kann man unter dem Eis fangen?

Raubfische: z. B. Barsche, Saiblinge, Hechte.
Friedfische: z. B. Renken, Güster, Rotauge, Brachsen.

Soll man anfüttern?

Im Winter nehmen Fische weniger Nahrung auf als im Sommer. Deshalb nur sparsames Anfüttern, damit keine zu schnelle Sättigung eintritt.

Passendes Gerät

• Leichte, kurze Ruten bis etwa 2 m Länge, superkurze Spezialruten oder Schnur direkt in die Hand nehmen. Schnur: 0,10–0,14 mm für kleine Fische (0,18 mm für etwas größere).

• Paternoster-Systeme: Über einem Kleinpilker werden an Springern z. B. Goldkopfnymphen oder Hegene-Nymphen angebracht.

• Köder: spezielle Kleinpilker, z. B. Mormyschkas sowie Naturköder. Die Pose muss genau austariert sein, damit sie auch vorsichtigste Bisse anzeigt.

• Achtung: Für größere Raubfische wie Hecht entsprechend starkes Gerät einsetzen!

Angeln mit der Hegene

Eine Hegene ist ein feines Paternostersystem, das in klaren, tieferen Seen vorwiegend zum Angeln auf Seesaiblinge, Renken und Barsche verwendet wird. Bekannte Gewässer: Weissensee/Kärnten, Walchensee, Bodensee.

Bestandteile einer Hegene

Vorfach:	1,50–2,0 m (Schnurstärke ca. 0,18–0,25 mm, am oberen Ende befindet sich eine Schlaufe zum Einhängen in die Hauptschnur, am unteren Ende ein Bleigewicht von 15–25 Gramm).
Springer:	3–5 Stück, seitlich am Vorfach aus dünnerem Monofil mit einer künstlichen Insektenlarve (Nymphe). Hakengröße ca. 16–12.
Knoten:	Zum Anbinden der Seitenarme: z. B. Chirurgenknoten, Springerknoten.
Nymphen:	Verschiedenfarbige Nachbildungen von Zuckmücken- oder Kriebelmückenlarven, die in der Tiefe eines Sees einen großen Anteil der Nahrung der o. a. Fischarten einnehmen.

Gesetzliche Bestimmungen:

Je nach Land verschieden: (z. B. Bayern) nicht mehr als 5 Seitenarme mit einem Haken und nur 1 Rute.

Spezial-Angelmethoden

Hegene-Nymphen in Reih und Glied. Der Angler sollte immer verschiedene Größen und Farben bei sich haben.

Empfohlenes Gerät

	Rute	Bissanzeiger
Vom Boot:	Leichte Spinnrute (2,10–2,60 m), Matchrute (bis ca. 3,90 m)	Mit Pose Ohne Pose: Bisserkennung über die Rutenspitze
Vom Ufer:	Längere Matchrute (3,90–4,20 m), u.ä	Mit Pose

Rolle: Achsrolle, Stationärrolle

Methode
Das Endblei wird bis zum Grund hinabgelassen.

- Mit Pose (Ufer, Boot): genaues Ausloten erforderlich, damit die Tiefeneinstellung stimmt. Mitunter reicht die Bewegung des Bootes oder der Pose in den Wellen aus, um den Nymphen entsprechendes Leben einzuhauchen.

- Ohne Pose (Boot): bei absolut ruhiger Seeoberfläche und Angeln lockt vorsichtiges, **ganz langsames** (Geschwindigkeit der echten Larve) Heben und Senken der Rute die Fische an.

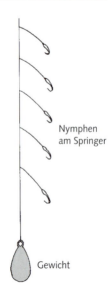

Nymphen am Springer

Hegene-Montage   Gewicht

Spezial-Angelmethoden

Spirolino

Aus Italien kommende Methode mit einer besonders geformten und beschwerten Wurfpose sehr leichte Köder bis zu 90 m weit auszuwerfen und dann langsam einzuholen. Spezial-Köder rotieren dabei oft um ihre eigene Achse. Ursprünglich für künstlich besetzte Forellenseen entwickelt.

Fischarten	z. B. Köder
Forellen (Teiche, Baggerseen)	Forellenteig, Bienenmaden, Würmer, Mehlwürmer, Minitwister, Weichplastikwürmer
Barsch, Hecht oder Zander	Streamer, Blinker, Spezialwobbler, Weichplastikwürmer
Meeresfische: Hornhecht, Makrele Meerforelle	Fischstreifen, schmale Blinker, Streamer

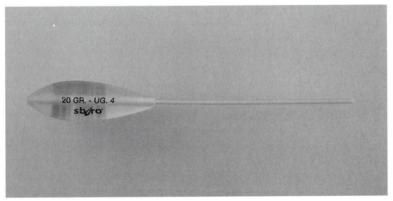

Spirolino-Pose

Spirolino-Typen

Schwimmend, schwebend, langsam bis schnell sinkend. Bei den sinkenden Ausführungen hängt die Lauftiefe von der Einholgeschwindigkeit ab.

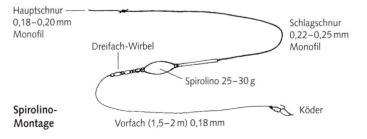

Spirolino-Montage

Fangsaison und Standplätze

Die besten Fangzeiten für gleiche Fischarten hängen von der jeweiligen Klimazone ab, in der sich das Gewässer befindet. So wird man auf Monate bezogen z. B. in einem mittelschwedischen See, aufgrund der jahreszeitlich unterschiedlichen Wassererwärmung zu einer anderen Zeit die besten Chancen auf Hecht haben als in einem österreichischen Voralpengewässer. Jahreszeitliche Schwerpunkte dürften jedoch ziemlich gleich bleiben.

Grundsätzliche Einteilung der Saison

Fische	Jahreszeit	Grund der Aktivität
Karpfenartige	Frühjahr (nach der Laichzeit) bis Frühherbst	Höhere Wassertemperaturen im Sommer fördern den Stoffwechsel.
Salmoniden (Forellen, Äsche)	Frühjahr und Herbst	Größeres Insektenaufkommen während dieser Zeiten.
Raubfische	Teilweise Frühjahr. Schwerpunkt: Spätsommer bis Spätherbst, teilweise auch Winter.	Nahrungsengpass durch Beutefischrückgang im Herbst.

Mit der Posenangel am Fluss. Ein guter Angler erkennt die vielversprechenden Stellen.

Fangsaison und Standplätze 171

Kloster Weltenburg am Mittellauf an der Donau. Im Fluss tummeln sich Barben, Zander, Döbel und auch Forellen.

Fische haben verschiedene Strömungsansprüche

	Fischarten
Zügige Strömung:	z. B. Regenbogenforelle, Bachsaibling, Barbe, Äsche, Rapfen, Nase, Hasel, Ukelei
Wenig bis gar keine Strömung:	z. B. Bachforelle, Döbel, Karpfen, Brassen, Güster, Rotauge, Schleie, Barsch, Hecht, Wels, Aal

Nach solchen Stellen sollte ein Angler immer Ausschau halten ...

im Fließwasser

Bach
- Fallgumpen und Wehrkolke
- Bereiche vor und hinter Steinen
- Stege
- Unterspülte Baumwurzeln und Ufer
- Kleine Kehrwasser
- Überhängende Bäume

Fluss (Ober-u. Mittellauf)
- Kiesbänke
- Strömungsrinnen- und gumpen
- Wehr- und Brückengumpen
- Sohlschwellen (ober- und unterhalb)
- Dichter, überhängender Uferbewuchs
- Prallufer (bei Niedrig- u. Normalwasserstand)
- Gleitufer (bei Hochwasser).
- Krautbänke
- Ufereinbuchtungen und Altwässer
- Mündungsbereiche

Fangsaison und Standplätze

Fluss, Strom (Unterlauf)
- Schilfgürtel am Ufer
- Bootsanlegestellen, Kleinhäfen
- Buhnen (Buhnenköpfe, ruhige Rückläufe)
- Einmündungen

im Stillwasser

Weiher, Teiche
- Krautbetten, Seerosenfelder
- Unmittelbarer Uferbereich
- Ausgetiefte Stellen
- Zu- und Abläufe

Seen, Talsperren
- Scharkanten
- Unterwasserberge
- Krautbänke
- Schilfgürtel
- Einmündungen von Bächen und Flüssen
- Kleine Buchten
- Ränder von Verlandungszonen
- Ins Wasser gestürzte Uferbäume
- Rund um Inseln und Geländevorsprünge
- Alter Flusslauf (bei Talsperren)

Im Uferbereich gibt es auch in großen Flüssen gute Standplätze für Fische. Dieser hier ist schwierig zu befischen, denn er befindet sich mitten im Donaudurchbruch.

Fangsaison und Standplätze 173

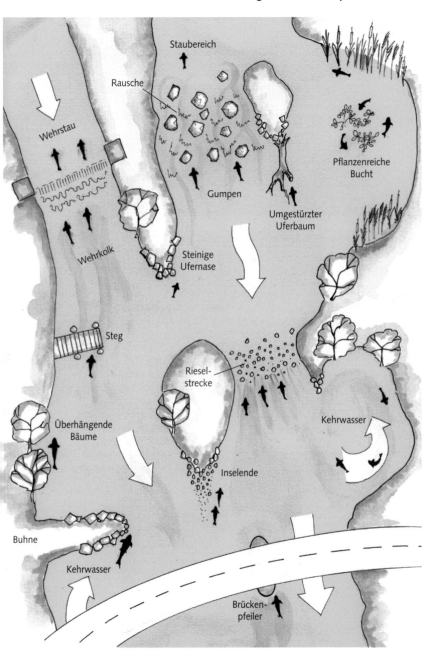

174 Fangsaison und Standplätze

Pflanzengesäumte Ufer und ruhiges Wasser: Ein Eldorado zum Stipp- und Grundangeln.

Ein Wehrgumpen voll mit klarem, kühlem Wasser: Das Paradies für Fliegenfischer.

Wo sich Fließgewässer vereinigen ist immer ein guter Angelplatz.

Standplätze und Köder für wichtige Fischarten

F: Fliegenfischen **G:** Grundangeln (Pose und Grundblei) **S:** Spinnangeln

Fischart	Stand- und Fangplätze	Verhalten / Angelmethode / Köder	Hakengröße
		Friedfische (Karpfenartige)	
Barbe	Gumpen, Strömungsrinnen über Kies, überhängende Ufer. Bäume mit tief herabhängenden Ästen Breite, zügig abfließende Wehrkolke.	Dämmerungs- und nachtaktiv. Schwärme ziehen in Flüssen stromaufwärts. **G:** Käse, Süßmais, Frühstücksfleisch, Wurstbrät, Tauwurm. Maden, Caster. Anfüttern empfohlen (z. B. Futterkorb).Geheimtipp: Hanf! **F:** Bei wärmeren Wassertemperaturen mit beschwerten großen Nymphen.	**G:** 3–6 **F:** 8–12
Brassen (Blei, Brachsen)	Schlammige Partien, langsame Strömung, Altwässer, Kanäle, flache Buchten, krautreiche Bereiche. Bei Hochwasser: geschützte Stellen unterhalb von hohen unterspülten Ufern.	Kapitale Brachsen in der Dämmerung (auch nachts). **G:** Rotwurm, Maden,Teig, Sprock. Anfüttern notwendig. **F:** Nymphe in sichtigen Gewässern. Etwas für Spezialisten.	**G:** 8–16 **F:** 10–14
Döbel	Unter Bäumen, in Rückläufen, Stromkanten, schnelles Wasser wird gemieden.	Sehr argwöhnisch und vorsichtig. **F:** Streamer und Nymphe. Vor allem im Sommer und Spätsommer Trocken-und Nassfliege. **G:** Beerenobst (z.B.Kirsche) wo die Fische daran gewöhnt sind. Teig, Frühstücksfleisch, Tau-und Rotwurm. An der Oberfläche: Schwimmbrot, natürliche Insekten. **S:** Kleine Spinner, Wobbler.	**F:** 6–12 **G:** 5–12 **S:** 5–12
Güster	Wie Brachsen	**G:** Maden, Rotwurm, Teig.	**G:** 10–16
Hasel	Zügige Rinnen und Gleiter, gerne über Kiesbänken und steinigem Boden. Im See: Nähe Ein- und Ablauf. Auch im Winter aktiv.	Beisst blitzartig. Schneller Anschlag nötig. **F:** Kleine Trocken- und Nassfliege (schwarz) oder Nymphe. **G:** Einzelne Made an feinstem Haken.	**F:** 14–18 **G:** 14–16

Fortsetzung Seite 176

Fischart	Stand- und Fangplätze	Verhalten / Angelmethode / Köder	Hakengröße
		Friedfische (Karpfenartige)	
Karausche	Feiner, schlammiger Grund, verwachsene Ufer, Teich- und Seerosenfelder.	Vorsichtige Köderannahme. G: Maden, (einl) Maiskorn. Vorsichtig Anfüttern. Nachtaktiver Fisch. Beste Zeit: Morgens: 1 Stunde vor und nach der Dämmerung, Abends: 2 Stunden nach Einbruch der Dunkelheit.	G: 10–16
Karpfen	Krautinseln über weichem Boden. (Zuckmückenlarven), unter Bäumen mit überhängenden Ästen, am windzugewandten Ufer, flache Kiesbänke in Baggerseen (Sommer).	G: Gekochter Mais, Boilie, Teig, Mist- und Tauwürmer, Kartoffel, Teig. Im Sommer mit Schwimmköder (Brot) unter der Wasseroberfläche. Anfüttern notwendig. F: Nymphenfischen auf Sicht im Sommer. Trocken: Brotfliege.	G: 1/0–12 F: 8–12
Rotauge	Kleinere Exemplare an flacheren Stellen. Größere in den ruhigen, schattigen Randströmungen und Rückläufen, Krautbetten über Kiesbänken, überhängende Bäume. Bei Hochwasser oft direkt am Ufer.	Bei Hochwasser besonders aktiv. Größere Exemplare auch nachts. Sommer wie Winter fangbar. G: Rotwurm, Maden, Caster, Teig, Hanf, Weizen. F: Kleine Nymphen, auch Trockenfliege.	G: 8–16 F: 12–16
Rotfeder	Nähe Krautbetten, bei Sonnenschein unter der Oberfläche, größere Exemplare im Mittelwasser.	G: Posenangel mit Teig, Rotwurm, Maden, Caster, Brotflocke. F: Im Sommer oberflächennah mit Trockenfliegen und Nymphen.	F: 12–16 G: 8–16
Schleie	Ruhiger schlammiger Untergrund, viel Pflanzenbewuchs. Seerosenfelder, Krautkanten.	Gründelnde Schleien verursachen feine Bläschen an der Wasseroberfläche. Beste Beisszeit: Morgendämmerung. Typischer Sommerfisch. G: Wurm,Teig, Muschelfleisch, Maden, kleine Boilies. Zögernder, vorsichtiger Biss.	G: 4–16

Fangsaison und Standplätze **177**

Fischart	Stand- und Fangplätze	Verhalten / Angelmethode / Köder	Hakengröße
		Raubfische	
Aal	Nachts besonders in Ufernähe. Größere Exemplare in Stillgewässern (z. B. Baggerseen).	**G:** Grundblei mit Tauwurm, toter Köderfisch. Aale sprechen auch gut auf Lockstoffe an. Ausgesprochen nachtaktiv. Schwülwarme Nächte, bedeckter Himmel, Gewitterstimmung. Gut: Mai, Juni.	1/0–8
Aalrutte (Quappe)	Tagsüber in Schlupfwinkeln, nachts auf Nahrungssuche.	Köder dicht am Grund. Tagsüber bei trübem Wasser, sonst nachts am besten zu fangen **G:** Tauwurm, Hühnerdärme, Köderfisch.	1/0–2
Barsch	Schattige Bereiche: überhängende Bäume, niedrige Stege, Brücken, unterspülte Ufer, dichte Pflanzenbetten. Tiefe Gumpen im Winter.	Beste Zeit: Morgendämmerung. **G:** Tau- und Rotwurm, Maden, kleine Köderfische. **S:** Kleine Spinner, Wobbler. **F:** Nassfliege, kleine Streamer	**G:** 6–10 **S:** 6–10 **F:** 6–12
Hecht	Strömungskanten. Kraut- und Schilfbänke. In Seen auch Felsen, Scharkanten, Bacheinläufe.	Köderführung im Sommer schneller, im Winter langsamer. **S:** Spinnköder aller Art, tote Köderfische am System. **F:** Große Streamer. **G:** Tote Köderfische in Grundnähe.	**S:** 4/0–4 **F:** 6/0–3/0 **G:** 4/0–1/0
Rapfen	Raubt im Sommer in der Strömung der größeren Flüsse. Einzelne Exemplare revieren im Altwasser.	In der Strömung schnelle Köderführung. **F:** Streamer (Weitwürfe!) **S:** Kleine Spinner und Blinker, Rapfenblei.	**S:** 4/0–1/0
Wels	Tagsüber in Unterständen (Köder dort platzieren), nachts auf Raubzug.	**G:** Egel- oder Tauwurmbündel, Hühnerdärme, Muschelfleisch, größere frische Köderfische am Grund. Fischstücke. Aroma des Köders wichtig. **S:** Große Spinner, Wobbler. Nachts (schwülwarm) auch knapp unter der Wasseroberfläche. Wallerholz benutzen.	**G:** 10/0– 1/0 **S:** 6/0–1/0

Fortsetzung Seite 178

Drillen und Landen

Fischart	Stand- und Fangplätze	Verhalten / Angelmethode / Köder	Hakengröße
		Raubfische	
Zander	Gerne über härterem Grund, auch im Mittelwasser. Kleine bis mittlere Zander in Gruppen, größere Einzelgänger.	G: Kleine Köderfische in Grundnähe. Vorsichtiger Biss. S: Kleinere Spinner, Blinker, Twister (Weichgummischwänzchen). F: Streamer an sinkender Fliegenschnur.	G: 1/0–10 S: 1/0–10 F: 1/0–8
		Salmoniden	
Äsche	Tiefe Gumpen und zügig, gleichmässig fließende Rinnen.	Im Frühjahr auch große Trockenfliegen, zum Herbst hin kleine bis kleinste Trockenfliegen. F: Beschwerte Nymphen für »Grundäschen«.	F: 10–20
Bachforelle	Nahe an Unterständen und Strukturen, sucht den Strömungsschatten.	F: Trocken- und Nassfliege, Nymphen, Streamer. S: Kleine Spinner, Blinker, Wobbler (für größere Exemplare).	F: 8–20 S: 4–10
Regenbogenforelle	Steht eher in der Strömung als Bachforelle.	Aggressiver als Bachforelle. F: Trocken- und Nassfliege, Nymphen, Streamer. S: Kleine Spinner, Blinker, Wobbler (für größere Exemplare).	F: 8–18 S: 4–12

Äschen stehen gerne in tiefen Gumpen und Strömungsrinnen.

Ein Hecht fiel auf einen großen Streamer herein, der am Rand eines Krautbetts präsentiert wurde.

Ein Brachsen wurde (in einer ruhigen Bucht) auf den Weißfischköder No. 1 gefangen: Maden.

Drillen und Landen

Viele Fische gehen durch falsche Drilltechnik und bei missglückten Landeversuchen verloren.

Einstellung der Rollenbremse

Bremstest: Rute in 45°-Winkel nach oben halten. Eine weitere Person versucht nun Schnur abzuziehen. Ist der Widerstand deutlich spürbar, aber die Schnur läßt sich noch ohne Probleme abziehen, ist die Einstellung in etwa richtig.

Der richtige Rutenwinkel beim Drillen

Etwa 90° zwischen Handteil und Schnurrichtung:
- Die Rutenspitze federt die Stöße des Fisches optimal ab.
- Das zähe Rückgrat im unteren Teil der Rute entwickelt am meisten Kraft, um den Fisch müde zu machen.

Idealer Rutenwinkel für den Drill.

Drillen und Landen

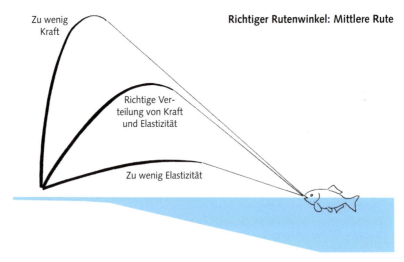

Verschiedene Landemethoden:

Kescher, Landenetz	Sicherste Methode eines Fisches habhaft zu werden.
Gaff (Landehaken)	Für größere Raubfische. Nur durch Geübte und wenn der Fisch danach getötet wird.
Handlandung	Bedarf einiger Übung.
⇒ Hecht (Kiemengriff)	Achtung! Die Finger dürfen nicht in die Dornen der Kiemenbögen rutschen. Am besten nur mit lederem Arbeitshandschuh.
⇒ Wels (Wallergriff)	Griff ins Maul mit Daumen, restliche Finger drücken von unten gegen den Kiefer. Nur mit Arbeitshandschuhen.
Stranden	Der Fisch wird an der Schnur aus dem Wasser an ein flaches Ufer gezogen, so dass er auf der Seite zu liegen kommt. Nur wenn der Fisch getötet wird.

Gefangene Fische, die das Mindestmaß nicht erreichen, müssen schonend zurückgesetzt werden ⇒ Immer mit nassen Händen ergreifen, um die empfindliche Schleimschicht zu schützen.

Während des Drills von stärkeren Fischen sollte man unterlassen:

- Die Bremskraft durch Verstellen des Bremsknopfes zu verändern.
- Betätigung der Rollenkurbel, wenn der Fisch gerade Schnur abzieht (führt bei einer Stationärrolle zu massivem Schnurdrall).
- Einen Fisch versuchen zu landen, der noch nicht »weiß« (seinen Bauch) zeigt und dem Zug der Rute folgt.
- Mit dem Kescher aktiv nach dem Fisch zu schöpfen.

Drillen und Landen

So ist es richtig:

- Stoppt der Fisch, zieht man ihn durch Heben der Rute heran und kurbelt beim Absenken der Rute Schnur auf. Diese Technik wird »Pumpen« genannt.
- »Steht« der Fisch in der Strömung, mit abgesenkter Rute Seitendruck auf ihn ausüben und ihn von seinem Standplatz wegziehen.
- Ist der Fisch in der Nähe, aber noch nicht genug ermüdet, kann man ihn durch seitliches Umlegen der Rute zum Wenden zwingen. Wenige Wiederholungen bringen ihn aus dem Gleichgewicht und kürzen den Drill ab.
- Den Kescher ins Wasser tauchen und den erschöpften Fisch darüberziehen. Beim Heranziehen versuchen den Kopf des Fisches anzuheben. Den Kescher erst anheben, wenn sich der Fisch ganz über dem Netz befindet.

Rechts:
Vorsicht beim Kiemengriff. Hechte haben scharf gezähnte Reusendornen.

Links unten:
Bei großen Fischen wird der Kescher erst eingesetzt, wenn der Gegner »weiß« zeigt.

Rechts unten:
Abhaken eines Rotauges mit dem Hakenlöser.

Drillen und Landen

Mit seitlich abgesenkter Rute den Fisch vom Hindernis wegziehen.

- Den Kescher mit hinten angehobener Stange an Land **ziehen,** niemals mit dem Gewicht eines schweren Fisches aus dem Wasser **heben** (Bruchgefahr für Stange und Klappgelenk).
- Will man einen großen Fisch am flachen Ufer »stranden«, nicht wie angewurzelt am Ufer stehen, sondern mit schräg nach oben gehaltener Rute und relativ langer Leine rückwärts gehen und die Beute ans flache Ufer ziehen (Landetechnik der Lachsangler).

Ermittlung des Gewichts ohne Waage?

Annähernde Feststellung des Gewichtes bei Salmoniden (Fische mit spindelförmigen Körper).
Vermessen mit einem weichen Bandmaß:
Bauchumfang x Bauchumfang x Länge : 28,9 = Gewicht in kg.

Waidgerechtes Töten

Betäubung

Wuchtige Schläge mit entsprechendem Gegenstand auf den Kopf **oberhalb** der Augen (§ 4 Schlachtverordnung).

> **Wichtiges Merkmal: Der »Augendrehreflex«**
> Fische, die bei bei Bewußtsein sind, drehen außerhalb des Wassers in der Seitenlage den Augapfel nach unten. Richtig betäubte Fische stellen die Augen »gerade«. Sie machen einen »toten« Eindruck.

Drillen und Landen **183**

Wie tötet man einen Fisch am schnellsten?

Nur durch Kiemenschnitt (Kiemenrundschnitt):
= Durchtrennung der vom Herz zu den Kiemen führenden Arterie. Es kommt zu schnellem Ausbluten. Auf diese Weise bleibt der Fisch auch frischer.
Vorgehen: Kiemendeckel anheben, mit scharfem Messer hinter den Kiemenbögen, schräg von oben nach unten, bis zum Herz schneiden.

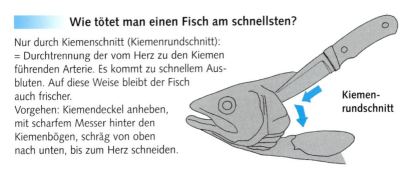

Kiemenrundschnitt

Sonderfälle:

Aal: Trennstich auf Wirbelsäule ohne Betäubung dicht hinter dem Kopf, sofortige Herausnahme der Innenorgane einschließlich des Herzens.
Das so genannte **Tot – laufen – lassen** in Salz / Sand oder **Entschleimen** mit Salmiak des lebenden Tieres ist verboten.

Plattfische: Schneller Schnitt, um Kopf vom Körper zu trennen oder Aufschneiden der Leibeshöhle und sofortiges Herausnehmen von Herz und Eingeweide → rasches Ausbluten.

Krebse: Einzeln in stark kochendes Wasser werfen. Das Wasser muss den ganzen Krebs bedecken und auch nach seiner Eingabe weiterkochen.

Ausweiden

Bauchdecke von Bauchflossen bis After öffnen und Innenorgane herausnehmen.

Tote nicht ausgeweidete Fische (Raubfische im besonderen) werden durch vorhandene Verdauungssäfte innerlich zersetzt. Vermindert Fleischqualität. Blutreste, Kiemenbögen und die am Rückgrat entlanglaufenden Nieren gut entfernen (Mit Daumennagel ausschaben).

Beim Ausweiden eines Hechtes kommt ein halbverdauter Barsch zum Vorschein.

Angeln im Meer

Angelgeräte

Für das »leichtere« Angeln an Europas Küsten kann auch mittelschweres bis schweres Süßwasser-Gerät eingesetzt werden, zum Beispiel zum Angeln von Molen, Pieren und Klippen. Im südlichen Bereich (Italien, Frankreich, Spanien) auf kleine Fische auch Match- und Bolognese-Ruten.

Merke
Gerät nach dem Einsatz im Salzwasser immer gründlich mit Süßwasser spülen.

Felsenküsten sind sehr fischreich und bieten engagierten Anglern ungeahnte Möglichkeiten.

Angeln im Meer 185

Pollack mit Fliegengerät gefangen.

Gebräuchliches Angelgerät im Salzwasser rund um Europa

Brandungsruten	Zum Angeln vom Strand. Die Ruten sind für extreme Weitwürfe bis weit über 100 m hinaus ausgelegt.
Pilkruten	Zum Bootsfischen. Der künstliche oder natürliche Köder wird mehr oder weniger senkrecht unter dem Boot geführt.
Down-Rigger-Ruten	Zum Tiefschleppen auf Lachse in der Ostsee. In Verbindung mit einem Down-Rigger, um den Köder extrem tief zu führen.
Big-Game-Ruten	Zum Angeln auf die »Großen der Meere« vom Boot aus. Extrem belastbar. Ringe sind bei den schweren Ruten meist durchgehend mit Rollen ausgestattet, um die Schnurreibung zu verringern.
Angel-Rollen	Multirollen sind Stationärrollen vorzuziehen. Beim Big-Game-Angeln kommen nur schwerste Multirollen bester Qualität zum Einsatz.

Angeln im Meer

Angeln mit Naturködern vom Kutter aus.

Fischart und Angelgerät

Fischart	Angelplatz/Rute	Rutenlänge	Wurfgewicht	Schnur (Monofil)
Dorsch, Plattfisch	Strand ➡ Brandungsrute	3,90–4,90 m	100–300 g	0,35–0,50 mm
Dorsch, Pollack, Köhler	Boot ➡ Pilkrute	1,80–3,00 m	100–250 g	w.o.
Pollack, Köhler	Klippen ➡ schwere Spinn-Grundrute	2,70–4,90 m	100–200 g	0,40–0,50 mm
Plattfisch	Strand ➡ Brandungsrute Boot ➡ Grundrute	4,00–4,50 m 3,90–4,20 m	50–200 g 250–500 g	0,30–0,40 mm 0,45–0,50 mm
Makrele	Klippen, Mole ➡ Spinn-/Grundrute Boot ➡ Spinnrute	2,40–3,90 m 2,40–3,90 m	40–80 g 100–200 g	0,30–0,40 mm 0,40–0,45 mm
Lachs, Meerforelle	Boot ➡ Down-Rigger-Rute	2,40–3,60 m	12–20 lb	0,40–0,60 mm (200–300 m)
Thunfisch, Schwertfisch etc.	Boot ➡ Big-Game-Rute	1,80–2,10 m	30–130 lb	Dacron 30–130 lb

Angeln im Meer

Übersicht einiger Angelmöglichkeiten: in Nord- und Ostsee und an Atlantikküsten

Angelart	Köder	Angelplätze	Haupt-Fischarten
Posenangeln	Naturköder: Würmer, Krabben, Fischstücke u.a.	Piere, Molen, Klippen	Plattfisch, Dorsch, Pollack, Aal, Meeräsche
Leichtes Grundangeln (im Gegensatz zum Brandungsangeln)	Naturköder: wie oben	Piere, Molen, Klippen, Kleinboot, Kutter	Plattfisch, Dorsch, Pollack, Aal, Aalmutter
Brandungsangeln	Naturköder: Würmer, Krabben, Fischstücke u.a.	Strand	Plattfisch, Dorsch, Pollack, Aal
Spinnfischen	Blinker, Küstenwobbler, Twister	Piere, Molen, Klippen, Kleinboot, steinige Strände	Plattfisch, Dorsch, Pollack, Meerforelle
Fliegenfischen	Streamer, Nassfliegen	Steinige Strände, Klippen, Kleinboot	Meerforelle, Dorsch, Pollack, Makrele
Pilkfischen (mit Beifänger)	Pilker, Gummifische	Kutter, Kleinboot	Dorsch, Pollack, Köhler, Leng
Grundangeln	Naturköder: Fischstücke, ganze Fische	Verankertes Boot, Kutter	Rochen, Conger, Grundhaie etc.
Trolling (Lachs, Meerforelle)	Schleppköder	Kleinyacht	Lachs, Meerforelle (Ostsee)
Big Game	Natürliche und künstliche Schleppköder	Hochsee-Yacht	Schwert-, Thunfisch, u.a.

Tipp:
Allgemein gilt die Zeit zwischen 2 Stunden vor und 2 Stunden nach dem Fluthöhepunkt als die beste Zeit zum Angeln.

Den Pollack findet man an steilen Felsenküsten mit tieferem Wasser.

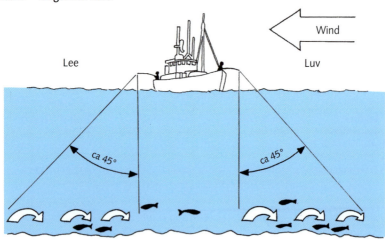

Pilkfischen

Eine Angelmethode mit schweren Kunstködern vom Boot/Kutter auf Dorsch, Pollack, Köhler u. a.

Die Angeltechnik hängt vom Platz an der Reling ab

Beste Plätze: Heck und Bug. Größter Spielraum für den Pilker, der in Windrichtung (Lee) ausgeworfen und dann über Grund am Kutter vorbeigeführt (Luv-Seite) wird.

Luv-Reling (windzugewandte Seite): Pilker nicht werfen, sondern direkt an der Bordwand bis zum Grund absenken und dann gefühlvoll mit kurzen Sprüngen spielen lassen. Sobald der Schnurwinkel 45° überschreitet, wieder einholen.

Beifänger

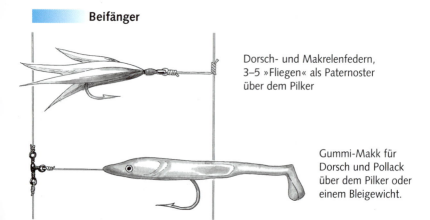

Dorsch- und Makrelenfedern, 3–5 »Fliegen« als Paternoster über dem Pilker

Gummi-Makk für Dorsch und Pollack über dem Pilker oder einem Bleigewicht.

Angeln im Meer 189

Lee-Reling (windabgewandte Seite): Der Kutter treibt in diese Richtung. Pilker soweit wie möglich auswerfen und dann mit Gefühl über den Boden zurückzupfen. Sobald die Schnur senkrecht nach unten zeigt, wieder einholen. Aufpassen: Treibt der Pilker unter dem Kutter hindurch, kann die Schnur am Kiel beschädigt werden oder man hakt die Schnur eines Mitanglers auf der anderen Seite.

Wie groß ist die Sinkgeschwindigkeit eines Pilkers?

Etwa zwischen 1,5 bis 2,0 m/sek. Unterschiede wegen Beifänger und Gewicht des Pilkers.
- 50 g Pilker ca. 1,5 m/sek.
- 400 g Pilker **nur** ca. 2 m/sek. (Grund: auch schwere Pilker geraten ins Trudeln und sinken dann mit einer Höchstgeschwindigkeit von rund 2 m/sek.

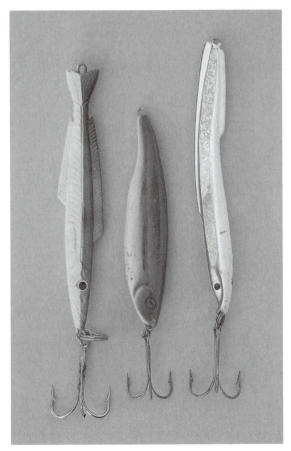

Pilker gibt es in vielen verschiedenen Formen und Farben.

Wichtige Angelfische an Europas Küsten

Fischart	Kennzeichen	Größe	Verbreitung in Europa	Lebensweise/Nahrung	Angelmethode, Köder
Makrele	Torpedoförmiger, langgestreckter Körper, große Augen, bläulich schimmernde Oberseite mit dunklen Querbändern, 2 weit auseinanderliegende Rückenflossen.	30–45 cm	Mittelmeer, Atlantik: Spanien bis Nordnorwegen, Island.	Wasseroberfläche im Freiwasser. Schwarmfisch / Heringe, Sandaale.	Makrelenpaternoster, Blinker.
Dicklippige Meeräsche	Oberlippe dick, besetzt mit kleinen Warzen.	Bis 60 cm und 5 kg	Küstenfisch. Mittelmeer, Schwarzes Meer, Atlantik nach Norden bis Mitte der Britischen Inseln.	Gerne in Häfen, Flußmündungen / Plankton, Schnecken, Kleintiere.	Brotflocke, künstliche Fliegen.
Hering	Keine Seitenlinie, schlanker Körper, glatter Kiemendeckel.	25–30 cm, bis ca 300 g	Ab Mitte Frankreich über Britische Inseln, Island bis Nordnorwegen.	Lebt im Freiwasser bis 200 m tief, Schwarmfisch / Kleinkrebse, Schnecken.	Heringspaternoster.
Dorsch	Langgestreckter Körper, langer Bartfaden, 3 Rückenflossen, bräunlich mit heller Seitenlinie.	40–100 cm (selten größer)	Mitte Frankreich bis Nordmeer. Nach Norden hin häufiger.	Vor der Küste in allen Tiefen, lebt bodennah / Würmer, Fische.	Blinker, Pilker, Naturköder. Von Land und Boot..
Pollack	Gebogene Seitenlinie 3 Rückenflossen, kehlständige Bauchflossen.	50–100 cm	Felsige Küstenbereiche Spaniens bis Nordnorwegen.	Felsküsten, Wracks / Garnelen, Heringe, Sprotten, Sandaale, Jungfische.	Blinker, Pilker, Beifänger, Naturköder.
Köhler	Seitenlinie fast gerade. Graugrün. 3 Rückenflossen.	60–70 cm (max. 130 cm)	Biskaya bis Nordnorwegen, Island.	Felsküsten / Garnelen, Krebse, Jungfische.	Blinker, Pilker, Beifänger, Naturköder.

Angeln im Meer 191

Fischart	Kennzeichen	Größe	Verbreitung in Europa	Lebensweise/Nahrung	Angelmethode, Köder
Wolfsbarsch	Hartstrahlige erste Rückenflosse. Dornen auf Kiemendeckeln.	40–60 cm (max. 80 cm)	Südlicher Nordatlantik bis Britische Inseln und Holland.	In Flußmündungen und an Felsküsten/Sandaale, Jungfische, Krebse.	Fliege, Blinker, Fischfetzen an Pose.
Hornhecht	Langgestreckter Körper, sehr langes schnabelartiges Maul.	Bis 90 cm lang und 1 kg schwer	Mittelmeer, Atlantik bis Island, Nordnorwegen.	Meist an der Wasseroberfläche/kleine Fische und Krebstiere.	Blinker, Fischfetzen an Pose.
Verschiedene Plattfische	Merkmale s. Seite 194	s. S. 194	Europäische Atlantikküsten, Nord-Ostsee, teilweise Mittelmeer.	am Grund, teilweise strandnah. Würmer, Muscheln, Kleinkrebse.	Grundangel, Seeringel- u. Wattwurm, Buttlöffel.
Meerforelle	Ähnlich Lachs. Unterschiede siehe s. Seite 68	Bis 1 m, über 10 kg	Küstennah, Nord-Ostsee, Atlantik nach Süden bis Biskaya.	Küstennah, abwechslungsreicher Untergrund / Heringe, Tobiasfische, Kleinkrebse.	Fliegen (Streamer, Shrimps u.ä.). Blinker, Spinner, Wobbler.
Aalmutter	Dicker Kopf, Körper ähnelt Seewolf, grüne Knochen.	30 bis 60 cm, bis zu 3 kg	Nördliche europäische Küsten bis Britische Inseln.	Standorte mit Seegras, am Boden lebend, küstennah, 4–10 m tief. Würmer, Jungfische, Schnecken.	Einfache Grundmontage / gelegentlicher Beifang auch beim Spinnfischen.
Conger	Aalartig, Rückenflosse beginnt dicht hinter dem Kopf.	bis 200 cm	Nordsee, Südnorwegen bis Küste Westafrika, Mittelmeer.	Lebt versteckt. Bevorzugt an Felsküsten. Unter Pieren, Klippen / Fische, Krebse, Tintenfische.	Schwere Grundmontage, halbe Makrele u.ä.

192 Angeln im Meer

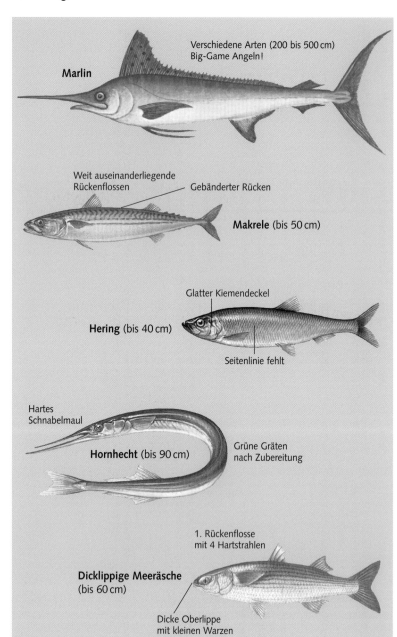

Marlin — Verschiedene Arten (200 bis 500 cm) Big-Game Angeln!

Makrele (bis 50 cm) — Weit auseinanderliegende Rückenflossen; Gebänderter Rücken

Hering (bis 40 cm) — Glatter Kiemendeckel; Seitenlinie fehlt

Hornhecht (bis 90 cm) — Hartes Schnabelmaul; Grüne Gräten nach Zubereitung

Dicklippige Meeräsche (bis 60 cm) — 1. Rückenflosse mit 4 Hartstrahlen; Dicke Oberlippe mit kleinen Warzen

Angeln im Meer 193

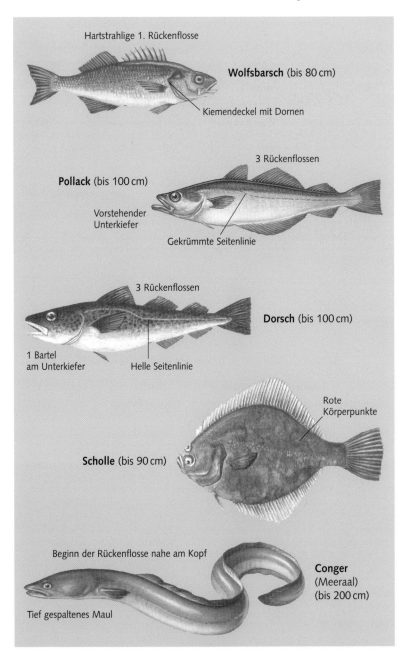

Unterscheidungsmerkmale wichtiger Meeresfische.

Pollack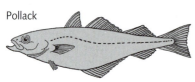

Köhler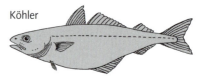

Pollack: Deutlich gekrümmte Seitenlinie über den Brustflossen. Körper bräunlich-kupferfarben. Deutlich vorstehender Unterkiefer.

Köhler (Seelachs): Gestreckte, helle Seitenlinie. Blau- bis grünlichgrauer Körper. Ober- und Unterkiefer eher gleichlang.

Aal

Conger

Unterscheidung von Aal und Conger: Verwechslungen können nur bei kleinen Congern auftreten. Im Gegensatz zum Aal besitzt der Conger ein tiefgespaltenes Maul und seine Rückenflosse beginnt direkt hinter den Brustflossen.

Unterscheidungsmerkmale der wichtigsten Plattfischarten.

	Scholle	Flunder	Kliesche	Steinbutt
Körperform	Oval	Oval bis leicht rautenförmig	Länglich oval	Fast kreisrund
Flossensäume	Ohne dornige Hautwarzen	Dornige Hautwarzen	Ohne Warzen	
Körperzeichnung	Gelblich oder rötliche Flecken, bei älteren Fischen mit hellem Rand.	Schmutzig gelbe oder rote Flecken, weniger leuchtend als bei Scholle.	Augenseite einheitlich gelbbraun bis grau.	Viele Flecken in gelblich, grünlich, bräunlich, schwarz.
Körpermerkmale	4–7 Knochenhöcker hinter den Augen, glatte Haut, kleine Schuppen.	Raue Körperoberfläche, dornige Hautwarzen.	Schuppen rau, Seitenlinie mit halbkreisförmigen Bogen über Brustflosse.	Oberseite mit unregelmäßig verteilten Knochenhöckern.
Durchschn. Größe	25–40 cm	25–30 cm	Bis 30 cm	30–50 cm (Ostsee)
Max. Größe	90 cm	50 cm, 3 kg	Selten über 40 cm	100 cm

Angeln im Meer **195**

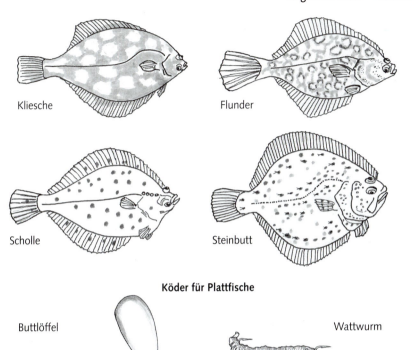

Rubby Dubby

Mischung aus kleingeschnittenen Fischen und Fischabfällen zum Anlocken von Meeresfischen. Ölige Fische wie Sardinen, Makrelen u.ä. geben die beste Duftfahne. Wird in einem Netz vom Boot (unter den Kiel) oder einer Hafenmauer oder Klippe (meist auf Grund) ins Wasser gehängt. In der Strömung bildet sich eine Duftspur, die die Fische von weither anlockt.

Blauhai-Angeln mit Hilfe von Rubby-Dubby

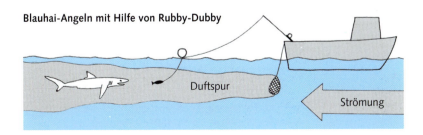

Köder zum Meeresangeln

Naturköder

Makrelenstreifen	Einer der besten Köder für eine Vielzahl von Meeresfischen. Die Makrele wird der Länge nach halbiert und jede Seite in entsprechende Streifen geschnitten.	Feine Streifen für Makrele, Hornhecht.
Ganze Makrele	Rückgrat aus Makrele entfernen und im Ganzen anködern. Bewegt sich im Wasser sehr lebensecht.	Für Conger, Hunds-, Blauhai u.a.
Heringsstücke	Hering in Stücke schneiden und auf Einzelhaken anködern. Ein sehr guter, öliger und duftender Köder.	Conger, Leng u.a.
Wattwurm, Seeringelwurm	Sehr guter Köder zum Brandungsangeln. Beim Fischen auf Dorsch bringen manche Brandungsspezialisten bis zu sechs Würmer auf einem langschenkligen Haken an. Bessere Haltbarkeit durch komplettes Aufziehen auf den Haken.	Dorsch, Plattfisch
Sandaal	Tiefgekühlte Sandaale können im Ganzen, halbiert oder in Streifen geschnitten eingesetzt werden. Ganze Sandaale am besten auf den Haken aufziehen.	Universell für Wolfsbarsch, Dorsch, Pollack, Rochen u.a.
Tintenfisch	Sehr universell, einzeln oder als Cocktail mit einem anderen Köder. Im Ganzen oder für kleinere Fischarten in feine Streifen geschnitten.	Conger, Dorsch, Leng u.ä.
Miesmuscheln	Guter Köder, der beim Auswerfen allerdings gerne vom Haken fällt. Spezialisten ködern mehrere Vorfächer an und frieren die ganze Montage ein.	Plattfisch, Dorsch, Wolfsbarsch

Kunstköder

Küstenpilker	Spinnangeln von Klippen, Molen. Gewicht: 30–80 g	Makrele, Pollack u.ä.
Pilker	Vom Boot aus dicht über Grund. Reizwirkung durch Heben und Senken. Gewicht: 50–400 g je nach Tiefe und Strömungsverhältnissen.	Dorsch, Pollack, Köhler
Beifänger	Meist aus weichem Kunststoff. Im Paternoster-System über dem Pilker angebracht.	Dorsch, Pollack, Köhler

Angeln im Meer 197

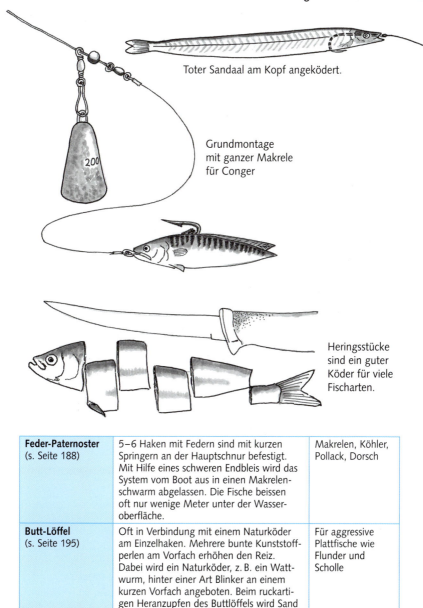

Toter Sandaal am Kopf angeködert.

Grundmontage mit ganzer Makrele für Conger

Heringsstücke sind ein guter Köder für viele Fischarten.

Feder-Paternoster (s. Seite 188)	5–6 Haken mit Federn sind mit kurzen Springern an der Hauptschnur befestigt. Mit Hilfe eines schweren Endbleis wird das System vom Boot aus in einen Makrelenschwarm abgelassen. Die Fische beissen oft nur wenige Meter unter der Wasseroberfläche.	Makrelen, Köhler, Pollack, Dorsch
Butt-Löffel (s. Seite 195)	Oft in Verbindung mit einem Naturköder am Einzelhaken. Mehrere bunte Kunststoffperlen am Vorfach erhöhen den Reiz. Dabei wird ein Naturköder, z. B. ein Wattwurm, hinter einer Art Blinker an einem kurzen Vorfach angeboten. Beim ruckartigen Heranzupfen des Buttlöffels wird Sand aufwirbelt. Es gibt Lichtreflexe, die die Plattfische neugierig machen und auch aus einem größeren Umkreis anlocken.	Für aggressive Plattfische wie Flunder und Scholle

Knoten und Schnurverbindungen

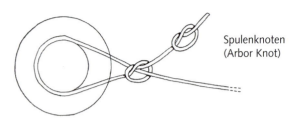

Spulenknoten
(Arbor Knot)

Chirurgen-Schlaufe

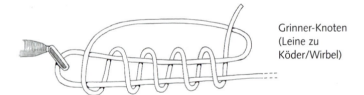

Grinner-Knoten
(Leine zu
Köder/Wirbel)

Achter-Knoten
(für Stahlseide)

Albright-Knoten
mind. 12 Windungen
(z. B. für Schlagschnüre)

Knoten und Schnurverbindungen 199

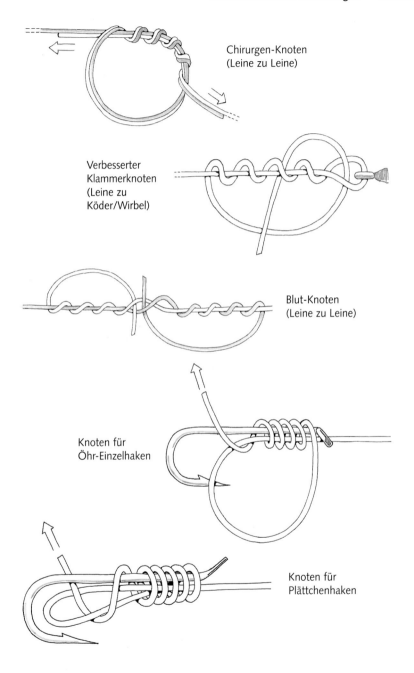

Chirurgen-Knoten
(Leine zu Leine)

Verbesserter
Klammerknoten
(Leine zu
Köder/Wirbel)

Blut-Knoten
(Leine zu Leine)

Knoten für
Öhr-Einzelhaken

Knoten für
Plättchenhaken

200 Knoten und Schnurverbindungen

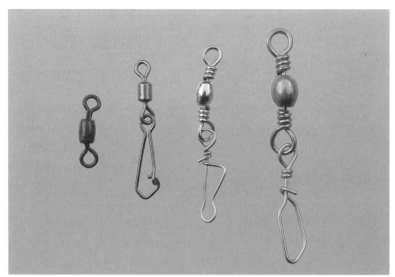

Wirbel mit oder ohne Karabinerhaken werden als Verbindung zwischen Hauptschnur und Vorfach oder zum direkten Einhängen des Köders verwendet. Sie dürfen sich auch bei starker Belastung nicht aufziehen. Die hier gezeigten Modelle besitzen eine hohe Tragkraft.

Ineinandergesteckte Schlaufen bilden eine sehr zuverlässige Verbindung. In diesem Fall ist ein Stahlvorfach (9 kg) mit Monofil 0,40 mm verschlauft. Befürchtungen, dass die Stahlseide das Monofil durchschneiden könnte, sind unbegründet. Nach starker Belastung sollte die Verbindung allerdings erneuert werden.

Fischereirecht

Fischereirecht ist in der Regel Landesrecht. In den einzelnen Bundesländern gelten eigene Fischereigesetze und Verordnungen. Die im folgenden angesprochenen rechtlichen Grundlagen sind deshalb nur von grundsätzlicher, allgemeiner Natur. Genaue Regelungen des einzelnen Bundeslandes müssen vor Ort (z. B. Untere Fischereibehörde) erfragt werden.

Gegenstand des Fischereirechts

Fische (incl. Fischlaich), Neunaugen, Krebse, Fluß-, Teich- und Perlmuscheln sowie Fischnährtiere.

Der Fischereiberechtigte darf die o.a. Tiere im Rahmen der gesetzlichen Regelungen hegen, fangen und sich aneignen.

Fischereibehörden

	Oberste Fischereibehörde	Höhere Fischereibehörde	Untere Fischereibehörde
Bund	Bundesministerium für Landwirtschaft und Forsten		
Länder (je nach Land unterschiedliche Behörden)	Land-Forstwirtschaftsministerium, Senator für Wirtschaft	Bezirksregierungen, Forstdirektionen, Landesverwaltungsämter	Kreisverwaltungsbehörden, Stadt- und Polizeiämter

Erlaubnis zur Fischereiausübung

Voraussetzung zur Ausübung der Fischerei in Deutschland ist für alle in Frage kommenden Personen immer der Besitz eines gültigen staatlichen Fischereischeins (Ausgabe durch die Länder) bzw. Jugendfischereischeins.

Fischereiberechtigter ...

... ist der (Eigentümer) des privatrechtlichen Fischereirechts ➡ (gleichzeitig auch Fischereiausübungsberechtigter falls im Besitz eines gültigen Fischereischeins).

- Eigentumsfischereirecht
  Fischereirecht gehört dem Gewässerbesitzer.

- Selbstständiges Fischereirecht
  Fischereirecht gehört nicht dem Gewässerbesitzer.

Weitere Fischereiausübungsberechtigte ➡

Fischereipächter (muss einen Fischerei-schein besitzen)	Er hat das Recht vom Eigentümer des Fischereirechts (Fischereiberechtigter) über einen bestimmten Zeitraum gepachtet.
Erlaubnisschein-Inhaber:	Er ist vom Fischereiberechtigten oder dem Fischerei-pächter durch einen Erlaubnisschein zur Fischerei er-mächtigt.
Ohne Erlaubnisschein:	Dürfen in Begleitung des Fischereiberechtigten oder -pächters eine bestimmte Anzahl von Fischereischein-inhabern (z. B. 3 in Bayern) angeln.

Fischereipachtverträge:

- Mindestdauer: i.d.R. zwischen 10 und 12 Jahre (Ausnahmen durch Untere Fische-reibehörde).
- Wenn der Fischereischein eines Pächters eingezogen wird, kann der Verpächter den Vertrag kündigen.

Merkmale eines Erlaubnisscheins (auch Angelschein, Fischereierlaubnisschein):

- Ausstellung auf eine natürliche Person (nicht übertragbar).
- Festgelegter Gültigkeitsbereich und zeitlich begrenzt.
- Fangbegrenzungen (z. B. Anzahl Fische/Tag).
- Fischereiberechtigter kann gesetzliche Schonzeiten, Mindestmaße verändern (aber nur über das gesetzlich festgelegte Maß hinaus, nicht darunter).
- Muss von der Fischereibehörde bestätigt sein.

Beim Angeln muss der Fischereiausübungsberechtigte folgende Papiere mit sich führen:

- Fischereischein bzw. Jugendfischereischein
- Fischereierlaubnisschein

Diesen Personen sind die Papiere auf Verlangen vorzulegen

Polizeibeamten, Fischereiaufsehern, Fischereiberechtigten und -pächtern.

Kinder unter der Altersgrenze für den Jugendfischereischein

Regelung in den Bundesländern verschieden. In Bayern gilt z. B.:
Kinder unter 10 Jahren dürfen unter Aufsicht einer Person mit gültigem Fischereischein eine Handangel, die dieser in dem betreffenden Gewässer zur Fischereiausübung berechtigten Person gehört, zusammenstellen, auswerfen, einen Fisch einholen und landen. Den Haken lösen und den Fisch töten darf nur die Begleitperson.

Fischereiprüfung

Unterschiedliche Regelungen der Bundesländer. Die Fischereiprüfung ist jedoch heute allgemein die Voraussetzung zum Erwerb eines staatlichen Fischereischeines.

Der angehende Angelfischer muss seine Sachkunde grundsätzlich in diesen Fächern nachweisen:
- Fischkunde und -hege.
- Gewässerökologie, Pflege der Fischwasser
- Fanggeräte und -technik.
- Fischereiliche Praxis, Behandlung und Verwertung der gefangenen Fische.
- Die Fischerei und den Schutz sowie die Erhaltung der Fischbestände betreffende Rechtsvorschriften.

Die staatlichen Prüfungen können je nach Bundesland in verschiedener Form durchgeführt werden. In der Regel besteht der schriftliche Teil aus 60 Fragen, die im Multiple-Choice Verfahren beantwortet werden. 45 Antworten (zusätzlich Mindestzahl aus den jeweiligen Prüfungsgebieten) müssen richtig sein. Ein praktischer Teil kann sich anschließen.

Fischereischein

Je nach Bundesland kann die Gültigkeit 1, 5, 10 Jahre oder auf Lebenszeit betragen. Der Schein wird gegen Gebühr beim Landratsamt, den Gemeinde- oder den Stadtämtern ausgestellt. Neben der Gebühr wird gleichzeitig die **Fischereiabgabe** erhoben. Diese wird vom ausstellenden Land zur Förderung des Fischereiwesens verwendet.

Jugendfischereischein

Die Altersgrenze für Jugendliche ist je nach Bundesland verschieden. Er wird entweder nach einer leichteren oder gar keiner Prüfung von der zuständigen Behörde ausgestellt. Im allgemeinen ist ein Jugendfischereischein ab 10 bis 16 (18) Jahre erforderlich. Danach muss der reguläre staatliche Fischereischein erworben werden.
Besondere Auflagen für Jugendliche sind z.B: die Begleitpflicht durch einen volljährigen Fischereischeininhaber, die Beschränkung auf eine Rute oder nur das Angeln auf Friedfische.

Einige rechtliche Grundsätze zur Fischereiausübung

Angelzeiten

Außer den gesetzlichen Schonzeiten, besteht in einzelnen Ländern auch ein Nachtangelverbot. Angabe der Zeit entweder nach einer festen Uhrzeit oder durch Festlegung eines Zeitraums nach Sonnenunter- bzw. vor Sonnenaufgang.

Zahl der Angeln und der Anbiss-Stellen

Je nach Bundesland verschieden. Meist 2 Handangeln und jeweils 2 bis 3 beköderte Anbissstellen. Ausnahme bei Hegene: z. B. in Bayern 5 Anbissstellen (keine weitere Handangel erlaubt).

Mitführen von Fischereigeräten

An, in oder auf Gewässern, in denen man nicht zum Fischfang berechtigt ist, dürfen keine fangfertigen Fischereigeräte mitgeführt werden.

Uferbetretungsrecht

Der Fischereiausübungsberechtigte und seine Helfer dürfen in bestimmtem Maß Ufergrundstücke, Inseln, Anlandungen, Schifffahrtsanlagen, Inseln, Brücken, Wehre, Schleusen und sonstige Wasserbauten **betreten** (aber nicht befahren) und dort Schiffe sowie ihre zum Fang bzw. zur Aufbewahrung bestimmten Geräte befestigen. Dies geschieht auf eigene Gefahr, Haftung für entstandene Schäden besteht.
Einschränkungen oder Verbote durch öffentlich-rechtliche Vorschriften sind möglich (z. B. Dampferstege).

Ausgenommen vom Betretungsrecht sind: Eingefriedete Hofstellen, Grundstücke, Gewerbeanlagen und Forstkulturen. Als eingefriedet gilt: Eine Seite am Wasser, drei Seiten mit Mauern, Gittern o.ä. umschlossen (nicht gültig für Campingplätze, eingezäunte Viehweiden).

Abschneiden von Ästen und Sträuchern auf Ufergrundstücken

Die Beseitigung ist nur begrenzt zulässig. Maßvolles Zurückschneiden von einzelnen Büschen und Ästen nur durch Fischereiberechtigten und Fischereipächter, nicht Erlaubnisscheininhaber. Die Maßnahme mit dem Eigentümer oder sonstigen Nutzungsberechtigten eines Grundstücks absprechen.
Allgemeine Bestimmungen des Naturschutzrechtes sind immer zu beachten (jahreszeitliche Begrenzung der Massnahmen).

Was versteht man unter »Fischnacheile«

Fischfang auf überfluteteten Grundstücken (nicht Hofstellen etc.). Nach Rückgang des Wassers innerhalb einer bestimmten Frist (z. B. 2 bis 14 Tage je nach Bundesland) durch den Fischereiberechtigten erlaubt. Danach gehen die Fische in Besitz des Grundstückseigentümers über. Dieser darf vorher keine Vorrichtungen anbringen, die die Rückkehr des Wassers und der Fische verhindern.

Schonzeiten und Mindestmaße

Zweck solcher Richtlinien ist die Absicht, dass die Fische mindestens ein Mal im Leben ablaichen können. Die Bestimmungen sind in den einzelnen Bundesländern unterschiedlich und können sich verändern. Jeder Angler muss sich vor Ort über die derzeitig gültigen Bedingungen an dem von ihm befischten Gewässer in ausreichender Weise informieren.

Dabei sind auch folgende Punkte zu beachten:

- Der jeweilige Fischereiberechtigte kann die Schonzeiten grundsätzlich erweitern und die Mindestmaße für einzelne Fischarten höher ansetzen als in den gesetzlichen Vorgaben geregelt, darf diese jedoch niemals unterschreiten.
- Auch für deutsche Küstengewässer an Nord- und Ostsee gelten je nach Bundesland verschiedene Schonzeiten und Mindestmaße für bestimmte Fischarten.

Feststellen des Schonmaßes

Fische: Messen der Körperlänge von der Kopfspitze bis zum Körperende, einschließlich der Flosse. Krebse: Von der Kopfspitze (Rostrum) bis Ende des Schwanzfächers.

Allgemeine die Fischerei betreffende Vorschriften und Gesetze

Außer den jeweiligen Landesvorschriften gelten folgende Rechtsvorgaben des Bundes:

Rechtliche Grundlage	Betrifft:
Naturschutzgesetz	Spezielle Schutzvorschriften für ein bestimmtes Gebiet. Einschränkung der Ausübung der Fischerei.
Bundesartenschutzverordnung	Fangfähige Fischarten.
Tierschutzgesetz	Behandlung und Hälterung von Fischen.
Tierschutztransportverordnung	Besatzfische.
Tierschutzschlachtverordnung	Besatzfische.

206 Fischereirecht

Rechtliche Grundlage	Betrifft:
Wasserhaushaltsgesetz	Umgang mit Gewässern (Aufstauen, Absenken, Entnahme oder Einbringung von festen Stoffen).
Tierkörperbeseitigungsgesetz	Beseitigung von toten oder nicht mehr lebensfähigen Fischen.
Kreislaufwirtschafts- und Abfallgesetz	Besatzfische.
Tierseuchengesetz	Besatzfische.
Verordnung über anzeigepflichtige Tierseuchen.	Besatzfische.
Verordnung über meldepflichtige Tierkrankheiten.	Besatzfische.
Binnenmarkt-Tierseuchenschutz-Verordnung	Besatzfische.
Fischseuchen-Verordnung	Besatzfische.
Fischhygiene-Verordnung	Besatzfische.

Was ist ...

... ein »geschlossenes« und ein »offenes« Gewässer?

Diesen rechtlichen Status von Gewässern gibt es in einigen Bundesländern überhaupt nicht, in den anderen wird er etwas unterschiedlich gehandhabt. Er hat z.B. Bedeutung für die erlaubten Methoden des Fischfangs oder die Gültigkeit von gesetzlichen Schonbestimmungen. Liegt nicht klar auf der Hand ob es sich um ein „geschlossenes" oder „offenes" Gewässer handelt, entscheidet i.d.R. die jeweilige Fischereibehörde.

Beispiele:

Geschlossene Gewässer:
- Z.B. in Bayern: Ablaßbare, künstlich angelegte Gewässer, ständig abgesperrt während Bespannung (Fischteiche), sie müssen der Fischhaltung -züchtung oder dienen.

- Gewässer, welchen es an einer für den Fischwechsel geeigneten regelmäßigen Verbindung zu einem „offenen" Gewässer fehlt.

Offene Gewässer:
- I.d.R. alle anderen (untereinander vernetzte) Gewässer.

- In Bayern auch vom Hauptwasser getrennte Altwässer (z.B. bei Niedrigwasser). Dagegen gelten diese in Rheinland-Pfalz als geschlossen.

... ein »selbstständiger Fischereibetrieb«?

Fischereirecht besteht nur wenn: Räumlicher Umfang der Gewässerstrecke ist ausreichend für ordnungsgemäße und nachhaltige Fischerei (z. B. i.d.R. 2 km beidseitige Uferlänge in Bayern).

... eine »Koppelfischerei«?

Eine Koppelfischerei liegt vor, wenn an derselben Gewässerstrecke mehrere unselbstständige Fischereirechte (z. B. unter 2 km) bestehen oder wenn an demselben Gewässergrundstück mehreren Personen ein unselbstständiges Fischereirecht zusteht.

Schutz des Fischereirechts

Privatrechtliche Tatbestände

Fischereirecht ist ein privates Eigentumsrecht und gegen rechtswidrige Störungen geschützt.

Schutz durch:
- § 1004 BGB: Unterlassung oder Beseitigung der Störung, durch Klage oder einstweilige Verfügung beim Zivilgericht.
- § 823 BGB: Forderung von Schadensersatz bei erheblichen, schuldhaften Beeinträchtigungen der Fischbestände.

Strafrechtliche Tatbestände

Tatbestand	Verfolgung nach
Unerlaubtes Angeln unter Verletzung eines fremden Fischereirechtes (offene Gewässer ➡ Fische sind herrenlos).	§ 293 StGB Fischwilderei (Verfolgung von Amts wegen)
Unerlaubtes Entnehmen (Angeln, etc.) von Fischen aus geschlossenen[1] Privatgewässern (Teichen etc., ➡ Fische sind Eigentum).	§ 242 StGB Diebstahl § 246 StGB Unterschlagung
Vorsätzliche Beschädigung von Sachen, die in Verbindung mit der Fischerei stehen (Boote, Netze, Reusen).	§ 303 StGB Sachbeschädigung (auch privatrechtlich Schadenersatz nach § 823 BGB)
Ausstellung falscher Fischereierlaubnisscheine, Pachtverträge ...	§ 267 StGB Urkundenfälschung

[1] Kein Fischwechsel in andere Gewässer möglich.

Fischereiaufseher

Bestellung von Fischereiaufsehern

In den Bundesländern verschieden geregelt. Zwei Arten von Fischereiaufsehern möglich:

- staatlich, amtlich (Beamte oder Angestellte der zuständigen Fischereibehörde)
- ehrenamtlich (Mehrzahl). Geeignete Bewerber werden auf Antrag des Fischereiberechtigten, -pächters, Fischereigenossenschaft etc. durch die zuständige Verwaltungs- bzw. Fischereibehörde bestätigt und die örtliche Zuständigkeit festgelegt.

Fischereiaufseher führen bei Kontrollgängen einen **Dienstausweis** und ein äußerlich sichtbares **Dienstabzeichen** (ausgestellt von Fischereibehörde) mit sich. Auf Verlangen muss der Dienstausweis vorgezeigt werden, sofern dies aus Sicherheitsgründen nicht unzumutbar wäre.

Rechte und Pflichten des Fischereiaufsehers:

Ständige Befugnisse:
Identitätsfeststellung, Aushändigung und Prüfung Fischereischein und Erlaubnisschein, sowie Überprüfung der Fanggeräte und -behälter, sowie gefangener Fische – auch in Fahrzeugen.

Befugnisse bei Verdacht auf Zuwiderhandlungen gegen Rechtsvorschriften (zu deren Verhütung oder Unterbindung, gemäß Polizeiaufgabengesetz)
Platzverweis, Sicherstellung von unrechtmäßig erworbenen oder verwendeten Fischen und Sachen. Betreten von Grundstücken (aber keine Wohnungen, Wohnwagen, Zelte). Anrufen, stoppen und Betreten von Wasserfahrzeugen.

Verbote und Einschränkungen der Fischerei.

Verboten ist ...

- i.d.R. die Fischerei in einem festgelegten Umkreis um Fischpässe, -treppen.

- die Verwendung von Lichtquellen z. B. Fackeln, Lampen und Feuer am Ufer mit dem Ziel den Fangerfolg zu beeinflussen.

- die Verwendung von Explosivstoffen, Schusswaffen, Harpunen, Stechgabeln, Gift- oder Betäubungsstoffen, Chemikalien.

- das äußerliche Reißen von Fischen mit Angelhaken (auch nicht mit beköderten) oder anderen dazu geeigneten Werkzeugen.

Fischereirecht

- Das Absperren von Fließgewässern und Zusammentreiben von Fischen.
- das Fischen mit elektrischem Strom ohne amtliche Genehmigung (kann gegeben werden für Hegemaßnahmen, Aalfang, Laichfischfang und Untersuchungen der Populationsdichte eines Gewässers.
- i.d.R. das Angeln mit einem lebendem Köderfisch.
- das Hältern von gefangenen Fischen in ungeeigneten Behältern. Erlaubt ist i.d.R. ein geräumiger Setzkescher aus weichen, knotenlosen Maschen (kein Drahtkescher).
- das Einbringen toter oder zerstückelter Fische, der Fisch-Eingeweide zwecks Fütterung oder Entsorgung in das Fischwasser. Gefahr der Parasitenübertragung, Übertragung von Fischkrankheiten.

Besondere Regelungen können bestehen für die Benutzung von...
- Fischreusen
- Fang von Köderfischen mit einer Senke

Auch jetzt müssen die Fischereipapiere am Mann sein. Für alle Fälle sollten sie sich aber in einer wasserdichten Hülle befinden...

Anhang

Regionale Bezeichnungen von Fischen

Fischart	Andere Bezeichnungen
Aal	Flussaal
Aland	Nerfling, Orfe, Jessen, Göse, Gängling, Kühling, Schwarznerfling
Alse	Maifisch
Äsche	Asch, Äscher, Harr, Mailing, Spalt, Springer.
Bachforelle	Rotforelle, Braunforelle
Bachsaibling	Saibling
Barbe	Barme, Sauchen
Barsch	Flussbarsch, Bürschling, Egli
Brassen	Blei, Brachsen, Bresen, Brachsmen, Breitling
Döbel	Aitel, Alet, Dickkopf, Mönne, Schuppfisch, Diebel
Elritze	Pfrille
Finte	Elben
Flussneunauge	Pricke
Frauennerfling	Frauenfisch, Donaunerfling
Giebel	Silberkarausche
Graskarpfen	Grasfisch, Weißer Armur
Güster	Blicke, Halbbrachse, Pliete, Pleinzen, Breitling, Zobelpleinzen
Hasel	Häsling, Rüßling, weißer Döbel, Springer, Grätling, Maifisch
Hecht	Schnök, Wasserwolf
Huchen	Donaulachs, Heuch, Hüchl, Rothuchen
Karausche	Bauern-, Moor-, Schneiderkarpfen
Karpfen	Karp
Kaulbarsch	Stuhr, Sturt, Rotzbarsch, Schroll, Pfaffenlaus
Lachs (atlantischer)	Salm
Laube	Ukelei
Mairenke	Schiedling, Seelaube
Marmorkarpfen	Tolstolob
Meerforelle	Strandlachs
Moderlieschen	Zwerglaube
Mühlkoppe	Groppe, Koppe, Dickkopp
Nase	Näsling, Speier, Weißfisch, Quermaul, Rheinmakrele, Zuppe, Zapfen, Mundfisch, Schwarzbauch
Quappe	Aalquappe, -rutte, Trüsche, Aalraupe
Rapfen	Schied, Schelch, Raupe

Anhang

Fischart	Andere Bezeichnungen
Regenbogenforelle	Teichlachs
Rotauge	Plötze, Rotteln, Schmahl, Schwalen, Riddau
Rotfeder	Goldrubel, Roddow, Rötel, Furn
Schlammpeitzger	Bissgurre, Moorgrundel
Schleie	Schlei, Schlammler, Schuster
Schmerle	Bartgrundel
Schneider	Schusslaube
Seeforelle	Grundforelle, Silberlachs, Laxl, Rheinlanke
Seesaibling	Saibling, Rötling, Röteli, Rotforelle, Schwarzreuter
Silberkarpfen	Tiefauge
Steinbeißer	Dorngrundel
Ukelei	Laube, Okel, Schneider, Wieting, Albe, Weißling, Blinke, Maiblecke
Wandersaibling	Arktischer Saibling
Wels	Waller, Schaiden
Zährte (Rußnase)	Blau-, Rußnase
Zander	Schill, Amaul, Glasauge, Sandbarsch, Hechtbarsch
Zobel	Pleinze, Stein-, Halbbrachse
Zope	Spitzpleinze, Schwuppe

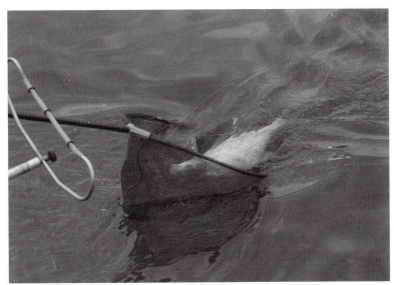

Gleich ist er sicher im Netz. In Bayern heißt dieser beliebte Angelfisch Brachse, in anderen Teilen Deutschlands Blei oder Brassen.

212 Anhang

Ausländische Bezeichnungen wichtiger Fischarten

Süßwasserfische

Deutsch	Dänisch	Englisch	Französisch	Norwegisch	Russisch	Schwedisch
Aal	al	eel	anguille	al	ugorj	al
Äsche	stalling	grayling	ombre	harr	charius	harr
Barbe	flodbarbe	barbel	barbeau		usath	barb
Barsch	aborre	perch	perche	abbor	okunj	aborre
Brassen	brasen	bream	bre'me	brasme	leshtsh	braxen
Döbel	döbel	chub	chevaine, meunier	stam	golavlj	färna
Elritze	elitse	minnow	vairon	örekyte	goljan	kvidd
Flussneun-auge	flodlampret	lampern, river lamprey	lampoie fluviatile	elve-niauge	retshnaya minoga	flodnejo-nöga
Forelle	örred	trout	truite	aure, örret	forel, losos	öring
Groppe	ferskvand-sulk	bullhead, miller's thumb	chabot	steinsmette	podka menshtshik	simp
Gründling	grundling	gudgeon	goujon		peskarj	sandkrypare
Güster	flire	white bream	bre'me bordelie're	flire	gustera	björkna
Hasel	strömskalle	dace	vandoise	gullbust	jeletz	stäm
Hecht	gedde	pike	brochet	gjedde	stshuka	gädda
Karausche	karuds	crucian carp	carassin	karuss	karasj	ruda
Karpfen	karpe	carp	carpe	karpe	karp	karp
Kaulbarsch	hork	pope, ruffe	gre'mille	hork	jorsh	gers
Lachs	laks	salmon	saumon	laks	losos	lax
Nase	näse	nase	aloge, hotu		podust	skärbrasse
Orfe	rimte	die	orfe, die me'lanote	vederburk	jasj	id
Plötze, Rotauge	skalle	roach	gardon blanc, vangeron	mort	plotva	mört
Quappe	ferskvans-kappe	burbot	lote	lake	nalim	lake
Rapfen	asp		able	asp	sherespjor	asp
Renke	helt	whitefish	lavaret, fe'ra	sik	sig	sik
Rotfeder	rudskalle	rudd	rotengle, gardon rouge	sörv	krasnor-perka	sarv
Schleie	suder	tench	tanche	suter	linj	sutare
Schmerle	smerling	stone loach	loche franche		goletz	smärling

Fortsetzung siehe Seite 213

Anhang 213

Deutsch	Dänisch	Englisch	Französisch	Norwegisch	Russisch	Schwedisch
Seesaibling	fjeldörred	char	omble chevalier	röyr	golets	röding
Steinbeißer	pigsmerling	spined loach	loche de rivie're		sthshipovka	nissöga
Stichling	hundestejle	stickleback	e'pinoche	stingsild	koljushka	spigg
Stör	stör	sturgeon	esturgeon	stör	osjotr	stör
Ukelei, Laube	löje	bleak	ablette	laue	ulejka	löja
Zander	sandart	pike-perch, zander	sandre	gjörs	sudak	gös

Einige Meeresfische

Deutsch	Englisch	Holländisch	Französisch	Norwegisch	Schwedisch
Blauhai	shark blue	blauwe haai	requin bleu		
Conger, Meeraal	conger eel	kongerall	congre	haval	havsäl
Dornhai	dogfish spur	doornhaai	aiguillat		pigghai
Dorsch, Kabeljau	cod	kabeljauw	morue	torsk	torsk
Finte	shad twaite	fint	alose finte		
Flunder	flounder	bot	flet		skrubbe
Gefleckter Lippfisch	wrasse ballian	geflekte lipisch	vielle commune	berggylte	bergsylta
Hering	herring	haring	hareng	sild	sill
Hornhecht	garfish	geep	orphie	horngjel	näbbgädda
Kliesche	dab	schar	limande		
Köhler, Seelachs	coalfish	koolvis	lieu noir charbonniere	sei	sej
Leng	ling	leng	lingue	lange	länga
Makrele	mackerel	makreel	Maqebeau	makrell	makrill
Meeräsche	mullet grey	harder	muge noir		multe
Pollack	pollack	pollak	lieu	lyr	bleka
Scholle	plaice	schol	plie carrelet	rödspette	rödspätte
Steinbutt	turbot	tarbot	turbot	piggha	piggvar
Wittling	whiting	wijting	merlan	hvitting	
Wolfsbarsch	sea bass	zeebars	bar	havabbor	havsabborre

Internationale Maßeinheiten

Temperatur

In USA und England wird die Temperatur in Fahrenheit gemessen:
Umrechnungsformel:

$$\frac{\text{(Temp. in Fahrenheit} - 32)}{1,8} = \text{Grad Celsius}$$

Celsius	Fahrenheit
1	34
5	41
10	50
15	59
20	68
25	77
30	86

(Wichtig für Lachsangler)

Länge

1 inch (Zoll) oder 1˝	= 2,54 cm	Wird gerne bei Längenangaben für englische Ruten verwendet.
1 foot (Fuß) oder 1´	= 30,48 cm	12 inches = 1 foot

Gewicht

1 pound (lb, lbs): 1 englisches Pfund	= 453,59 g	Angabe der Testkurve von Karpfen oder Big-Game Ruten, Tragkraft von Schnüren
1 ounce	= 28,35 g	16 ounces = 1 lb

lb: Abk. für lat. Libra = Pfund

Gewichtsangabe von Schussköpfen (Fliegenfischen)

1 grain (gr) = 0,0648 Gramm (g)

Beispiele für passende Schusskopfgewichte zur jeweiligen Schnurklasse

Gewicht in grain	Rute der Schnurklasse
ca. 300 gr	8–9
ca. 250 gr	7–8

Anhang 215

Kennzeichnung von Fliegenvorfächern

Fliegen-Vorfächer amerikanischer Hersteller und Vertriebsfirmen sind auch in Deutschland erhältlich. Die Durchmesser sind nicht in mm angegeben, sondern in »inch« bzw. in »X« (sprich: ex) Angaben. Die Tabelle zeigt die Umrechnung in mm.

mm	0,08	0,1	0,13	0,15	0,18	0,2	0,23	0,25	0,28
X	8X	7X	6X	5X	4X	3X	2X	1X	0X

Angabe der Sinkgeschwindigkeit bei sinkenden Fliegenschnüren.

Ips = inch per second (Zoll pro Sekunde), 1 Zoll = 2,54 cm
Beispiel: 2,5 ips: die Schnur sinkt 2,5 Zoll oder 6,35 cm pro Sekunde.

Diese schöne Regenbogenforelle wurde mit Streamer und Sinkschnur in einer tiefen Flussrinne gefangen.

Wichtige Fachbegriffe

Hier finden Sie Fachbezeichnungen, die vorne im Buch teilweise angesprochen, aber nur unzureichend erklärt wurden, außerdem einige der heute gebräuchlichen englischen Ausdrücke.

Abdomen: Hinterleib (hier bei Insekten).
Adult: Erwachsen.
Aerob: Unter Einfluss von Sauerstoff.
AFTMA: »American Fishing Tackle Manufacturers Association«. Standard für die Angabe von Schnurklassen beim Fliegenfischen.
Aktion: Art der Biegekurve einer Rute unter Belastung.
Anadrom: So nennt man Fischarten, die zum Laichen vom Meer ins Süßwasser ziehen.
Anaerob: Ohne Einfluss von Sauerstoff.
Anfüttern: Ausbringen von Lockfutter, teilweise Tage vor dem Angeln, um die Fische an den Angelplatz zu gewöhnen.
Anhieb: Das aktive Eintreiben des Hakens in das Fischmaul.
Antennen: Die Kopffühler von Insekten.
Anti Tangle Tube: Ein biegsames Röhrchen (Tube) für Grundmontagen das verhindern soll, dass sich beim Wurf das Vorfach in der Hauptschnur verfängt. Das Röhrchen sollte länger als das Vorfach sein.
Arterienklemme: Wird zum Lösen von Haken aus dem Fischmaul verwendet oder zum Anklemmen von Schrotblei an das Vorfach.
Aufsteiger: Eine bei einem Insektenschlupf zur Wasseroberfläche aufsteigende Nymphe oder Puppe.
Avon Float: Eine Pose für zügige Strömung mit ausgeprägtem Auftriebskörper.
Back Lead: Ein 10–30 g schweres Blei, das mit einem Karabiner nach dem Auswerfen des Köders gleitend in die Hauptschnur gehängt wird. Es soll die Schnur zwischen Vorfach und Rute flach am Boden halten und → Schnurbisse vermeiden.
Backing: (engl.) Eine feine geflochtene Schnur, die unter die Fliegenschnur auf die Rolle gezogen wird. Sie dient als Umfütterung des Spulenkerns und Reserve bei grossen kampfstarken Fische.
Bait: (engl.) Köder.
Baitcaster: Leichte Multirolle zum Spinnfischen.
Baitdropper: Futterkörbchen das geöffnet werden kann, um es zu entleeren.
Basis-Mix: Basismischung für die Boilieherstellung, welche aus verschiedenen Mehlen besteht.
Benthos: Lebensgemeinschaft am Gewässerboden.
Big-Game-Angeln: Angeln auf große Fische (z.B. Marlin, Thun, Segelfisch etc.) im Meer mit schwerem Gerät.

Bite Alarm (Bite Indicator): Elektronischer Bissanzeiger.
Bivvy: Schirmzelt.
Blank: Engl. für → Rohling (Kohle- oder Glasfaser) einer Angelrute ohne Ringe, Griff und Rollenhalter.
Bobbin: Mechanischer Einhänge-Bissanzeiger an der Schnur. I.d.R. kurz nach der Rolle. Z.B.: Einfaches Teigkügelchen oder ausgetüftelter → Kletteraffe auf einer Nadel laufend.
Boilie: Proteinreiches und hartgekochtes Teigkügelchen. Ursprünglich zum Karpfenangeln entwickelt, werden Boilies in verschiedenen Größen auch für andere Cypriniden verwendet.
Boilienadel: Damit werden die Boilies (u.a. Köder) durchstochen und auf die Schlaufe der Haarmethode aufgezogen.
Bolognese-Rute: Beringte Stipprute mit Rollenhalter.
Bolt Rig: Fluchtmontage. Der Fisch hakt sich selbst sobald sich das Vorfach gegen ein schweres Grundblei spannt und der Fisch durch die plötzliche Berührung mit der Hakenspitze davonschießt.
Boom: Steifer Seitenausleger zum Anbringen eines Hakens seitlich am Vorfach.
Braided Lines: → polyfil, geflochtene Schnüre, die als Vorfachmaterial oder Hauptschnur benutzt werden.
Bremse: Reguliert den Schnurabzug von der Rolle. Durch ein fein einstellbares und gleichmäßig arbeitendes Bremssystem kann auch ein stärkerer Fisch sicher müde gedrillt werden.
Brolly: (engl.) Überdimensional großer Regenschirm zum Ansitzangeln. Er wird mit einem Spies in der Erde verankert.
Butt: (engl.) Der dicke oberste Teil eines verjüngten Fliegenvorfachs.
Casters: (engl.) Verpuppte Maden.
Catch and Release: (engl.) Ausdruck für »Fangen und Zurücksetzen«.
Centrepin-Rolle: Ein einfacher Rollentyp zum Grund- und Posenfischen bei dem die Spule quer zur Rute weist. Wird nur noch selten benutzt. Fliegenrollen sind ebenso aufgebaut.
Cocktail: (engl.) Kombination aus zwei oder mehr verschiedenen Ködern an einem Haken.
Confidence Rig: (engl.) Karpfenmontage bei der der Fisch im Gegensatz zum → Bolt-Rig frei Schnur abziehen kann.
Controller: (engl.) Spezielle Pose als Wurfgewicht für die Präsentation eines Oberflächenköders auf weite Entfernungen.
Detritus: Angeschwemmter Sand, Schlamm oder Schlick am Boden eines Gewässers.
Dip: (engl.) Stark aromatisierte Flüssigkeit zum Eintunken von Ködern.

Fachbegriffe   217

Downrigger: (engl.) Eine Vorrichtung, um Kunstköder wie Blinker und Wobbler sehr tief schleppen zu können. Wird an grossen Seen und im Meer angewendet.

Dreibein: Rutenständer.

Drilling: Dreifachhaken. Findet man normalerweise an Blinkern, Spinnern und Wobblern. Wegen der hohen Verletzungsgefahr für kleine Fische sollten sie besser durch Einfachhaken ersetzt werden.

Drop Bite: (engl.) ➡ Fallbiss.

Dry Fly: (engl.) Trockenfliege

Emerger: (engl.) Ausschlüpfer. Ein an der Wasseroberfläche aus der Nymphenhaut schlüpfendes Fluginsekt.

Enhancer: (engl.) Geschmacksverstärker, der das Aroma eines Köders besser und weiter im Wasser verteilt – vor allem bei niedrigen Wassertemperaturen.

Eutrophierung: Überdüngung eines Gewässers durch Nährstoffe aus der Landwirtschaft oder häuslichen Einträgen, führt zu übermäßigem Pflanzenwachstum.

Fallbiss: ➡ Drop Bite. Der gehakte Fisch schwimmt auf den Angler zu. Die Schnur wird schlaff.

Feeder: (engl.) ➡ Futterkorb.

Fettflosse: Bei Salmoniden und Coregonen die kleine Flosse zwischen Rückenflosse und Schwanzflosse. Der biologische Zweck dieser Flosse ist ungeklärt.

Fischpass: Künstlich angelegter Wasserlauf um ein sonst unüberwindliches Wehr herum, der den Fischen eine Aufstiegsmöglichkeit bietet. ➡ Umgehungsgerinne

Fischtreppe: Sehr künstlich wirkender ➡ Fischpass in Treppenform aus Steinen oder Beton. Wird heute i.d.R. nicht mehr gebaut.

Floater: (engl.) An der Wasseroberfläche schwimmender Köder, z.B. Schwimmbrot.

Float-Fishing: (engl.) Posenangeln.

Foam: (engl.) Schaumstoff, der z.B. mit auf das Haar gezogen wird, um einen normalen Boilie Auftrieb zu geben.

Freebies: (engl.) Alle Köder, an denen sich kein »Haken« befindet und zu Lockzwecken ausgebracht werden.

Freelining: (engl.) Angelmethode bei der der Köder mit der freien Leine ohne Beschwerung oder Pose angeboten wird.

Futterkorb: (engl.) ➡ Swimfeeder, ➡ Feeder, ein beschwerter kleiner Behälter der gleichzeitig als Gewicht beim Grundangeln sowie zum gezielten Anfüttern mit dem Hakenköder dient.

Gaff: Landungshaken für große Fische. Wird vor allem beim Meeresangeln eingesetzt, um starke Fische über die Bordwand zu ziehen. Die Fische werden i.d.R. stark verletzt. Einsatz nur wenn die Fische hinterher getötet und verwertet werden.

Gespließte (Rute): Früher wurden Angelruten aus einzeln gehobelten und dann zusammengesetzten Bambusspließen gefertigt. Manche teure Fliegenrute wird heute noch so hergestellt.

Glasfaser: Das Vorgängermaterial von Kohlefaser im Rutenbau. Robust aber relativ schwer. Wird heute immer seltener verwendet.

Gleitpose: ➡ Slider. Eine gleitend auf der Schnur angebrachte Pose. Die gewünschte Tiefe wird durch einen ➡ Stopperknoten bestimmt, an dem die Pose zum Halten kommt. Wird verwendet wenn der Köder in einer Tiefe angeboten wird, die die Länge der Rute überschreitet und damit das Auswerfen einer festen Montage nicht möglich ist.

Gleitufer: Die Innenkurve einer Flussbiegung. Hier herrscht geringe Strömung und das Ufer fällt flach ab.

Grundköder: Köder, der direkt auf dem Grund abgelegt wird.

Gumpen: Von der Strömung ausgetiefte Stelle. Hervorragender Fischstandplatz.

Haar-Montage: Anbringen eines Karpfenköders bei der der Köder an einem Stück Schnur (Haar) wenige Zentimeter hinter dem freien Haken aufgefädelt wird. Ein mißtrauischer Karpfen kann den Köder einsaugen ohne den Haken zu spüren. Der Erfinder dieser Methode, ein Engländer, hat angeblich zuerst ein Haar seiner Ehefrau verwendet (engl.: Hair-Rig).

Helicopter Rig: (engl.) Ein ➡ Bolt-Rig für große Wurfentfernungen. Das Vorfach rotiert beim Wurf um das Blei und soll sich dadurch weniger verhängen.

Hook Length: (engl.) Vorfach (vor allem beim Grundangeln).

Hot Spot: (engl.) Fischreiche, erfolgsprechende Stelle.

Innenschnurführung: Die Neuauflage einer alten Erfindung. Die Schnur wird statt über äußere Laufringe durch das Innere der Rute geführt.

Jerkbait: (engl.) Beschwerter Wobbler ohne Tauchschaufel.

Jig: (engl.) Ein am Kopf beschwerter Kunstköder, der auch senkrecht auf und ab gezupft wird. Beliebte Technik beim Eisangeln.

Juvenil: Jugendlich.

Kampfgurt: Hilfsmittel beim schweren Meeresangeln. Ein Gürtel mit einer Vorrichtung, in der das Ende einer starken Meeresrute beim Drill starker Fische abgestützt werden kann.

Katadrom: So nennt man Fischarten, die zum Laichen vom Süßwasser ins Meer ziehen.

Kehrwasser: Eine Gegenströmung, die durch eine Ausbuchtung im Ufer oder im Wasser liegende Hindernisse zustande kommt. In der Regel eine sehr vielversprechende Stelle.

Kescher: Landenetz.

218 Fachbegriffe

Kletteraffe: Mechanisch-optischer Bissanzeiger ➡ Monkey.

Knarre: Teil des Bremssystems, das sich beim Abziehen eines Fisches geräuschvoll bemerkbar macht.

Köderfischsenke: Quadratisches dünnmaschiges Netz an einem Aufstellrahmen zum Fang von Köderfischen, das von Brücken und Stegen ins Wasser gesenkt wird. Schwimmen kleine Fische darüber wird es angehoben.

Ködernadel: Spezielle Nadel zum Aufziehen von Ködern auf das Vorfach.

Kohlefaser: Ein sehr leichter und zäher Kunststoff, der vor allem für Ruten aber auch Angelrollen verwendet wird.

Laichbett: Ort der Eiablage durch die weiblichen Fische. Salmoniden schlagen gewöhnlich mit der Schwanzflosse eine Kuhle in den Kiesgrund und legen dort ihre Eier ab. Hinterher wird die Vertiefung zum Schutz der Eier mit Kieseln zugedeckt.

Lb: Abkürzung für ein englisches Pfund (1 Pound = 1 lb = 453 g). Mehrzahl: lbs. Die Schreibweise kommt vom lateinischen Libra (Pfund). Oft wird die Tragkraft einer Schnur bzw. die Testkurve einer Rute in lbs angegeben.

Leader: (engl.) ➡ Vorfach. (z.B. Fliegenfischen)

Ledgering: (engl.) Grundangeln mit Bleigewichten.

Leerwurf: Der Vor- oder Rückschwung mit der Fliegenrute ohne dass die Schnur auf dem Wasser abgelegt wird. Dient zum Verlängern der Leine oder zum Trocknen der Fliege.

Long Belly Line: (engl.) WF-Fliegenschnur mit längerem Bauch (Keule), um das ➡ Menden der Leine auf dem Wasser zu erleichtern.

Mäander: Die Kurven in einem naturbelassenen Fließgewässer.

Makrozoobenthos: Alle am Gewässerboden lebenden wirbellosen Tiere größer als 1 mm.

Menden: Das Umlegen der Fliegenschnur auf dem Wasser wo bereits in der Luft, um etwa einen Bogen in die Schnur zu legen.

Milchner: Männlicher Fisch.

Monkey: (engl.) Affe. Ein auf einer im Boden steckenden Nadel »kletternder« optischer Bissanzeiger ➡ Kletteraffe. Bei einem ➡ Fallbiss rutscht er nach unten.

Monofil: Einsträngige Angelschnur aus Nylon oder ➡ Fluorocarbon.

Mormyschka: Sehr kleiner Jig-artiger Kunstköder, den man mittels sparsamer Bewegungen der Rutenspitze knapp über dem Grund vorsichtig auf- und abtanzen lässt. Wird gerne zum Eisangeln verwendet.

Multifil: ➡ polyfil.

Mundschnur: ➡ Springer.

Nachschnur: ➡ Backing.

Nymphe: Künstliche Nachbildung einer Insektenlarve zum Fliegenfischen.

Partikel: (engl.) Teilchen, Körnchen. Gemeint sind Samen, Bohnen und Getreidearten zur Verwendung als Lockfutter aber auch Hakenköder (z.B. Mais, Tigernüsse, Kichererbsen etc.).

Pasternoster: Mehrere ➡ Springer in Abständen auf der Schnur ➡ Mundschnur.

Pelagisch: Freischwimmend.

Phytoplankton: Pflanzliches Plankton.

Polarisationsbrille: Sonnenbrille mit einem speziellen Filter, der die Reflexionen auf der Wasseroberfläche reduziert. Unerlässliches Hilfsmittel für Fliegenfischer.

Polyfil: ➡ multifil ➡ Braided Lines. Mehrfädig (geflochtene Schnüre).

Pool: (engl.) ➡ Gumpen.

Pop Up: (engl.) Schwimmender Köder, der durch ein Blei wenige Zentimeter schwebend über dem Grund gehalten wird.

Prallufer: Die Außenkurve in einem Fluss. Hier ist die Strömung am stärksten.

PVA: (Poly-Vinyl-Alkohol) Wasserlösliches Material als Schnur oder als Beutel zum Ausbringen von zusätzlichen Lockködern die direkt am Haken befestigt werden.

Quivertip: (engl.) ➡ Zitterspitze.

Rausche: Weißwasser über einem schnellfließenden, steinigen Abschnitt.

Reißen: Das absichtliche Haken eines Fisches außerhalb seines Maules, indem man einen Angelhaken (meist ein Drilling) gezielt auf gesichtete Fische oder ungezielt, z.B. bei vorhandenen Fischschwärmen, durch das Wasser zieht. Streng verbotene »Angelmethode«!

Rieselstrecke: Flacher, schnellfließender und sauerstoffreicher Bereich über Steinen und Kiesgrund. In der Sommerhitze ziehen Forellen und Äschen dorthin.

Rig: (engl.) Montage.

Rod Pod: (engl.) Zusammenlegbarer sehr variabler und stabiler Rutenständer vor allem zum Grundangeln.

Rogner: Weiblicher Fisch.

Rohling ➡ Blank: Der Glas- oder Kohlefaserstab einer Rute ohne Ringe, Griff und Rollenhalter. Bastler kaufen sich einen Rohling und bauen sich eine Rute nach ihren eigenen Bedürfnissen.

Run: (engl.) Der schnelle Abzug eines Fisches nach dem Anbiss. Auch die Bezeichnung für eine schnelle Strömungsrinne in einem Fluss.

Schlagschnur: Stärkeres, der Hauptschnur vorgeschaltetes Schnurteil.

Schlupf: Bezeichnung dafür, wenn Insekten in grösserer Anzahl an der Wasseroberfläche aus ihrer Nymphenhaut schlüpfen. Führt in der Regel zu verstärkter Fressaktivität der Fische.

Schnurbiss: Fisch schwimmt in die Schnur und täuscht so einen Anbiss vor.

Schnurfangbügel: Metallbügel an einer Stationärrolle. Dient zum Einfangen und Aufrollen der Schnur.

Fachbegriffe 219

Schnurlaufröllchen: Kleines konkaves Umlenkröllchen am Schnurfangbügel der Stationärrolle. Es führt die Schnur auf die Spule.
Schonhaken: Haken ohne Widerhaken ➡ widerhakenlos.
Schwanzwurzelgriff: Landemethode beim Lachs. Eine Hand umgreift den festen Schwanzstiel und hebt den Fisch aus dem Wasser. Bei der Meerforelle ist der Schwanzstiel dafür zu weich.
Schwimmer: Pose.
Schwimmschnur: (Floating-Line) Fliegenschnur, die aufgrund eingelagerter Gasbläschen auf der Wasseroberfläche schwimmt.
Schwingspitze: An der Rutenspitze beweglich aufgehängtes Stäbchen, das sich bei einem Biss hebt oder senkt.
Shock Leader: (engl.) Zwischen Vorfach und Hauptschnur geschaltete Gummischnur, um die Pufferwirkung zu erhöhen. Auch Bezeichnung für eine ➡ Schlagschnur.
Sinker: (engl.) ➡ Boilie ohne Auftrieb.
Sinkschnur: Fliegenschnur, die durch eingelassenen Metallstaub (Blei, Tungsten) absinkt. Wird benutzt, um Streamer und Lachsfliegen unter Wasser anzubieten. Erhältlich in verschiedenen Sinkgeschwindigkeiten.
Slider: (engl.) ➡ Gleitpose.
Specimen Hunter: (engl.) Ein Angler, der sich auf große Exemplare einer bestimmten Fischart spezialisiert und deswegen auch deren Lebensweise genau erforscht.
Spinnerbait: (engl.) Leichter Kunstköder zum Fischen in verkrauteten Bereichen. Verhängt sich nicht so schnell wie andere Köder.
Springer: Köder an Seitenschnur, -arm.
Stalking: (engl.) Anpirschen.
Standplatz: Bevorzugter Aufenthaltsort eines Fisches wo er Schutz oder Nahrung findet.
Stonfo: Der Name eines italienischen Angelgeräteherstellers. Der Begriff wird auch für den Verbinder (Connector) zwischen Gummizug und Angelschnur bei einer Stippangel verwendet.
Stopperknoten: Ein verschiebbarer Knoten auf der Hauptschnur zum Stoppen einer ➡ Gleitpose.
Stringer: (engl.) Eine Anfüttermethode. Einige größere Partikelköder (z.B. Mais, Erbsen, Bohnen, Boilies) werden wie Perlen auf ein Stück PVA Schnur gezogen, welche am Haken befestigt wird. So werden die Boilies direkt neben dem Hakenköder platziert. Die PVA Schnur löst sich im Wasser auf und die Köder liegen frei.
Swimfeeder: (engl.) ➡ Futterkorb ➡ Feeder.
Swinger: (engl.) Mechanischer und optischer, sehr sensibler Bissanzeiger.
Tackle: (engl.) Ausrüstung.
Taper: (engl.) Konische Verjüngung von Angelruten oder Fliegenschnüren.
Teleskoprute: In sich zusammenschiebbare Angelrute.

Thorax: Brustbereich (hier bei Insekten).
Tonkin: Ähnlich Bambus. Wurde früher gerne für Angelruten verwendet.
Trockenfliege: Eine künstliche Fliege, die schwimmend auf der Wasseroberfläche angeboten wird.
Tungsten: Engl. Bezeichnung für Wolfram. Das Metall wird als ungiftiger Bleiersatz verwendet. 1,5 mal schwerer als Blei.
Twister: (engl) Gummischwänzchen mit Bleikopf, der in einer jigähnlichen Bewegung geführt wird.
Umgehungsgerinne: ➡ Fischpass.
VDSF: Verband deutscher Sportfischer.
Vorfach: Schnurteil an dem sich der Haken befindet. I.d.R. etwas schwächer als die Hauptschnur. Beim Posenangeln wird das Vorfach i.d.R. nicht beschwert. Beim Fliegenfischen meist ein sich verjüngendes etwa drei bis vier Meter langes Stück Monofil nach der Fliegenschnur ➡ Leader.
Waggler: Eine Pose, die nur an ihrem unteren Ende fixiert ist. Besonders für Stillwasser geeignet. Die zur Rute führende Schnur kann unter Wasser gezogen werden und ist dadurch nicht mehr windfängig.
Wasserkugel: Mit Wasser befüllbare durchsichtige Kunststoffkugel. Wird als Pose und Wurfgewicht vor allem für Oberflächenköder oder das Fischen mit Fliegen an der Spinnrute verwendet.
Watkescher: Landenetz mit kurzem Handgriff, das der Fliegenfischer am Gürtel mit sich trägt.
Weighsling: (engl.) Wiegesack, Sack zum schonenden Wiegen von Fischen.
Wet Fly: (engl.) Nassfliege.
Widerhakenlos: Haken ohne Widerhaken, um untermaßige Fische zu schonen bzw. um Fische unverletzt zurücksetzen zu können ➡ Schonhaken.
Wirbel: Rotierbare Drahtöse mit hoher Tragkraft, die in die Schnur zwischengeschaltet wird, um ein Verdrallen zu verhindern.
Wurfgewicht: Maximalgewicht mit dem die Rute beim Werfen belastet werden soll. Angabe auf dem Rutenblank.
Zitterspitze: (engl.) ➡ Quivertip, flexibler Bissanzeiger an der Rutenspitze, der bei einem Biss ausschlägt.
Zooplankton: Tierisches Plankton.

Sachwortverzeichnis

Aal 28, 39, 47, 60, 93, 123, 153, 177, 183, 187, 194, 210, 212
Aal, Lebenszyklus 67
Aalartige 50
Aalglöckchen 144
Aalmutter 191
Aalpöddern 166
Aalrutte 50, 177
Abfallgesetz 206
Abwasser 81
Achter-Knoten 198
After 31
Afterflosse 24
AFTMA 159
Ahornerbsen 128
Aitel 39, 61
Aktion, Parabolisch 107, 161
Aktion, Semiparabolisch 107, 161
Aland 38, 39, 48, 60, 210
Albinismus 27
Albright-Knoten 198
Algenblüte 9
Allroundhaken 120
Alse 210
Altersstadium 41
Amerikanischer Seesaibling 48
Amphibien 100
anadrome Wanderung 36
Anfüttern 124
Angelhaken 118
Angelmethoden 124
Angelrollen 109
Angelschein 202
Angelschnur 115
Angelzeiten 204
Anti-Tangle-Blei 141
Aristoteleswels 50
Arlesey Bombe 140
Aromastoffe 130
Äsche 39, 44, 48, 57, 93, 178, 210, 212
Äschenregion 12
Aspe 104
Atemtechnik 28
Atlantischer Lachs 45, 48, 57, 65
Aufwuchs 21
Augendrehreflex 182
Augenpunktstadium 41

Ausweiden 183
Auwald Auwald 103
Avon-Pose 134

Bachflohkrebs 56, 78
Bachforelle 39, 41, 42, 44, 48, 57, 64, 68, 93, 178, 210
Bachsaibling 39, 44, 48, 54, 57, 69, 210
Baggersee 14
Baitrunner 111
Bakterielle Kiemen-schwellung (BK) 84
Barbe 38, 39, 47, 48, 60, 69, 93, 175, 210, 212
Barbenregion 12
Barsch 41, 72, 122, 153, 167, 169, 177, 210, 212
Barschartige 48, 49
Barteln 23
Bartgrundel 52
Bauchflossen 24
bauchständig 24
Beifänger 196
Beifüttern 124
Bergmolch 101, 102
Betäubung 182
Biber 97
Big-Game-Ruten 185
Binnenstich 52
Birnenblei 140, 141
Bisam 97
Bissblei 136
Bisserkennung 144
Bitterling 38, 40, 52
Blaubandbärbling 52, 56
Blaufelchen 65
Blauhai 196, 213
Blauhai-Angeln 195
Blei 39, 48, 60, 70
Bleikopf-Jighaken 120
Blinker 148
Blumenkohlkrankheit 83
Blut-Knoten 199
Blutkreislauf 32
Bodenform 22
Boilie 129, 131
Boje 154
Bologneseruten 108
Bootsruten 108
Brachse 38, 39, 46, 60, 70, 167

Brachsenseen 13
Brackwasserregion 12
Brandfleckenkrankheit 85
Brandungsangeln 123
Brandungsruten 108, 185
Brasse 39, 60, 70, 123, 175, 210, 212
Brassenregion 12
Brot 129
Brotflocke 131, 139
Brotkruste 131, 139
Brotteig 129
Brustflossen 24
brustständig 24
Brut 94
Brütling 93
Brutpflege 40
Bundesartenschutz-verordnung 73
Butt-Löffel 197

Calzium 10
Caster 127, 139
Celsius 214
Centrepin-Rolle 112
Chirurgen-Knoten 199
Chronische Bauchwassersucht 84
Chuggers 150
Conger 187, 191, 193, 194, 196, 197, 213
Controller 139
Coregonen 64
Crankbait 149
Ctenoidschuppen 26
Cyclostomata 43
Cypriniden 48, 124

Darm 31
Darmatmung 28
Devon 148, 151
Diebstahl 207
Döbel 38, 39, 46, 48, 61, 69, 175, 210, 212
Dohlenkrebs 75
Donauraum 50
Dornhai 213
Dorsch 123, 186, 187, 190, 193, 196, 213
Dottersackstadium 41
Double Taper 159, 160
Down-Rigger-Ruten 185
Downrigger 156, 157

Drachkovitch-System 154
Drehkrankheit 86
Dreistachliger Stichling 53
Drillen 179
Drillingshaken 151
Durchlauf-Montage 141
Durchlaufblei 140
Durchlaufmontage 136

Echolot 157
Edelkrebs 75
Ei-Entwicklungsdauer 40
Einhandruten 161
Einhänger 144
Eintagsfliegen 78, 79, 165
Eisangeln 166
Eisvogel 99
Eizahl 39
Elektrofischen 95
Elektronischer Bissanzeiger 144
Elritze 38, 42, 52, 53, 210, 212
Emerger 164, 165
Endständig 23
Energiefluss 11
Erdkröte 100, 101
Erle 105
Ernährung 30
Esche 104, 105
Europäischer Wels 40
Eutrophierung 11

Fahrenheit 214
Fallbiss 144
Fangsaison 170
Fangzähne 30
Farbzellen 27
Feder-Paternoster 197
Feeder 143
Feederruten 107
Felchen 48, 58, 64
Felchenseen 13
Festellmontage 136
Fettflosse 48
Feuersalamander 101, 102
FFH 73
Finte 43, 73, 210, 213
Fischadler 99
Fischarten 43
Fischarten, Unterschei-

Sachwortverzeichnis 221

dungsmerkmale 68
Fischbandwurm 86
Fischbesatz 93
Fischegel 87
Fischereiaufseher 208
Fischereiausübung 201
Fischereiausübungs-
  berechtigte 202
Fischereibehörde 201,
  208
Fischereiberechtigter
  201, 202
Fischereierlaubnisschein
  202
Fischereipächter 202
Fischereipachtverträge
  202
Fischereiprüfung 203
Fischereirecht 201
Fischereischein 203
Fischhege 89
Fischkrankheiten 82
Fischkunde 22
Fischnacheile 204
Fischnährtiere 12, 77
Fischreiher 99
Fischschimmel 85
Fischsterben 88
Fischtransport 95
Fischwilderei 207
Fleckenseuche 84
Fleigenruten,
  Einhand- 108
Fleischteig 129
Fliegenfischen 122, 157
Fliegenhaken 119
Fliegenrolle 110, 113,
  121
Fliegenrute 108, 155
Fliegenschnur 158
Flora-Fauna-Habitat-
  Richtlinie 73
Flossenfäule 84
Flossensaum 25
Flossenskelett 22
Fluchtmontage 142
Flunder 195, 197, 213
Flussaal 50
Flussbarsch 39, 45,
  48, 59
Flussneunauge 210, 212
Flying C 148
Forelle 41, 122, 212
Forellenartige 48
Forellenbarsch 55, 71
Forellenfischen 122
Forellenpellets 139
Forellenregion 12
Forellenseen 13

Forellenseuche
  (Virale Hämorrhagische
  Septikämie, VHS 83
Forellenteig 169
Fortpflanzung 35
Frauennerfling 48, 50,
  61, 72, 73, 210
Freilauf 111
Freiwasserlaicher 36, 39
Friedfische 124
Frühjahrslaicher 35, 41
Frühlingsvirämie
  (Infektiöse Bauch-
  wassersucht) 83
Frühstücksfleisch 129
Furunkulose 84
Futterball 124, 125
Futterkatapults 126
Futterkorb 126, 141,
  143
Futterspirale 143
Futterwolke 124, 125

Gaff 180
Galizischer Sumpfkrebs
  75
Galle 31
Ganoidschuppen 26
Gänsesäger 99
Gasblasenkrankheit 87
Gefleckter Lippfisch 213
Gelbbauchunke 100
Gerätezusammen-
  stellungen 121
Geruchssinn 34
Geschlechts-
  diphormismus 37
Geschlechtsmerkmale 37
Geschlechtsorgane 31,
  37
Geschlossene Gewässer
  206
Geschmacksnerven 34
Geschwindigkeit,
  Fisch- 27
Gewässergüte 16
Gewässerkunde 8
Giebel 39, 40, 48, 61,
  69, 210
Gleitpose 135
Grasfisch 55
Grasfrosch 100, 101
Graskarpfen 47, 55,
  69, 210
Graureiher 99
Grießkörnchenkrankheit
  85
Grils 66
Grinner-Knoten 198

Groppe 52, 212
Großforelle 153
Großlachs 122
Grundangeln 123
Grundblei 140
Grundfutter 124
Grundhaie 187
Gründling 52, 53, 69,
  153, 212
Grundruten 107
Gummizug-Montage
  138
Güster 38, 39, 48, 61,
  70, 167, 175, 210, 212
Güteklasse 16

Haar-Montage 142
Hähnchenleber 127
Hair-Rig 142
Hakenkäfer 78
Hakenlöser 181
Hakentypen 120
Handlandung 180
Hanfkorn 131
Hanfsamen 128
Härtegrad 10
Hartmais 128
Hartstrahlen 24
Hasel 38, 48, 52, 61,
  69, 175, 210, 212
Haut der Fische 25
Hautatmung 28
Hebemontage 136
Hechelzähne 30
Hecht 39, 42, 45, 50,
  59, 93, 122, 147, 150,
  153, 167, 169, 177,
  210, 212
Hecht-Zanderseen 13
Hechtartige 50
Hechtbandwurm 86
Hegene 167, 204
Helikopter-Blei 141, 142
Hering 190, 192, 213
Heringsartige 43
Herz 31, 32
Heuhüpfer 127
Hornhecht 169, 191,
  192, 196, 213
Hornzähne 30
Huchen 39, 42, 44, 48,
  50, 57, 68, 122, 210
Hundeplätzchen 139

IHN 83
Infektiöse hämato-
  poetische Nekrose 83
Infektiöse Pankreas-
  nekrose (IPN) 83

Inline-Blei 141
Intermediate-Line 160
Jerkbait 149
Jig 150
Jugendfischereischein
  203
Jugendstadium 41

Kabeljau 213
Käfer 79, 127
Kalk 10
Kalkarme Gewässer 10
Kalkreiche Gewässer 10
Kamberkrebs 75
Kammmolch 102
Kammschuppen 26
Kampfbremse 110
Kannibalismus 30
Kapselrolle 110, 112
Karausche 39, 46, 48,
  61, 69, 176, 210, 212
Karotin 56
Karpfen 38, 39, 41, 42,
  46, 48, 62, 69, 93,
  123, 176, 210, 212
Karpfenartige 48, 124
Karpfenhaken 120
Karpfenlaus 87
Karpfenruten 107
Kartoffeln 128
Käse 129, 131
katadrome Wanderung
  36
Kaulbarsch 49, 52, 210,
  212
kehlständig 24
Kehrwasser 172
Kescher 180
Kichererbsen 128
Kiemen 27, 31, 32
Kiemengriff 180, 181
Kiemenkrebs 87
Kiemenreusendornen
  28
Kiemenrundschnitt 183
Kieslaicher 36, 39
Kilch 65
Klammerknoten 199
Kleinfische 52
Kliesche 195, 213
Knochenfische 43
Knorpelfische 43
Knoten 198
Köcherfliegen 78, 79,
  165
Köder 175
Köderfarbe 152
Köderfische 155
Köderfischsenke 155

222 Sachwortverzeichnis

Ködermontagen 131
Kohlensäure 10
Köhler 186, 190, 194,
 196, 197, 213
Kopfrute 108, 137
Kopfskelett 22
Koppelfischerei 207
Kormoran 99
Körperformen 22
Krallenblei 141
Krankheitssymptome
 82
Krautblinker 148
Krautlaicher 36
Krebse 75, 93, 183, 201
Kreislaufwirtschaftsgesetz
 206
Kreuzkröte 101
Kreuzotter 102
Kropffelchen 65
Kugelblei 140
Kunstköder 147, 148,
 151
Kunstköderhaken 120
Küstenpilker 196

Lachmöwe 99
Lachs 39, 41, 68, 186,
 187, 210, 212
Lachs, Lebenszyklus
 65
Lachsartige 48
Lachsfliege 164
Lachsforelle 56
Laichausschlag 38
Laichfärbung 27
Laichkrautgürtel 15
Laichzeit 37, 39
Laichzug 39, 65
Landen 179
Landenetz 180
Landinsekten 79, 165
Laube 52, 53, 70, 71,
 210, 213
lb 214
Leber 31
Lederkarpfen 74
Leitfisch 12
Leng 187, 213
Liftmontage 136
Lockfutter 124
Löffel 148
Luftgang 31

Mäander 89
Made 127, 131
Madenhaken 120
Madenschwamm 143
Magen 31

Magnesium 10
Maifisch 43, 73
Mairenke 48, 50, 71,
 73, 210
Maishaken 120
Maiskorn 131
Makrele 169, 186, 190,
 192, 196, 197, 213
Maräne 38, 58, 64, 65
Maränenseen 13
Marlin 192
Marmorkarpfen 55, 70,
 210
Matchruten 108
Meer 184
Meeraal 213
Meeräsche 187, 190,
 192, 213
Meerforelle 39, 45, 48,
 58, 64, 66, 68, 169,
 186, 187, 191, 210
Melanismus 27
Miesmuscheln 196
Mikroorganismen 17
Mindestmaße 205
Mink 97
Mistwurm 127
Moderlieschen 38, 52,
 53, 71, 210
Monofil 115, 116
Montagen für
 Köderfische 153
Mormyschkas 167
Mühlkoppe 40, 52, 53,
 92, 210
Multirolle 110, 111,
 121
Mungobohnen 128
Muschel 76, 77, 79, 201
Muskulatur 26, 31

Nacktschnecke 127
Nahrungskette 11
Nase 38, 39, 48, 62,
 72, 210, 212
Nassfliege 163, 164,
 165
Naturköder,
 schwimmend 138
Nerfling 38, 69, 72
Nervensystem 32
Neunauge 43, 51, 201
Niere 31, 32
Nordseeschnäpel 65
Nutria 97
Nymphe 163, 164, 165

Oberständig 23
Offene Gewässer 206

Ohren 33
Orfe 38, 60, 212
Otter 97

paarig 24
Pappel 104
Paravan 156
Parr 65
Partikelköder 128
Paternoster 167
Pazifiklachs 54
Peledmaräne 65
Perlfisch 38, 48, 50, 62,
 69, 73
Perlmuttlöffel 155
Pfeilform 22
Pflugscharbein 31
ph-Wert 10, 11
Phytoplankton 20, 77
Pilker 189, 196
Pilkfischen 123, 188
Pilkruten 108, 185
Placoidschuppen 26
Plankton 20
Plasmoidschuppen 26
Plattfisch 123, 183, 186,
 187, 196
Pleinzen 73
Plötze 38, 39, 62, 212
Plugs 149
Pockenepitheliom 83
Polenta 129
Pollack 186, 187, 190,
 193, 194, 196, 197,
 213
Polyfil 115, 116
Porzellankrankheit 85
Pose 132, 136, 137,
 140
Posenangeln 123
pound 214
Propbait 150

Quappe 39, 60, 72,
 210, 212
Quiver-Tip 145

Raiserblei 141
Rapfen 38, 39, 48,
 62, 70, 71, 177,
 210, 212
Raubfisch 147, 152
Regenbogenforelle 39,
 44, 48, 54, 58, 68,
 178, 211
Renke 39, 58, 64, 167,
 212
Reptilien 102
Reusenzähne 30

Riemenwurm 86
Ringelnatter 101, 102
Rochen 187, 196
Röhrichtzone 15
Rollwurf 162
Rotauge 38, 39, 46, 48,
 62, 71, 123, 167, 176,
 211, 212
Rotfeder 39, 46, 48,
 63, 71, 123, 176,
 211, 212
Rotmaulseuche (ERM)
 84
Rotseuche 84
Rotwurm 127
Rubby Dubby
 Rubby Dubby 195
Rückenflosse 24, 25
Rückenmark 32
Rückenmarkskanal 33
Rumpfskelett 22
Rundmäuler 43, 51
Rundschuppen 26
Running Line 160
Rußnase 38, 39, 63,
 72, 73, 211
Rute 106
Rutenaktionen 107
Rutte 39, 60, 72

Sachbeschädigung 207
Sägestrahl 24
Saiblinge 167
Saiblingsseen 13
Sandaal 196
Sandfelchen 65
Sargasso-See 67
Sargblei 140
Satzfische 95
Sauerstoff 9, 10, 17
Sauerstoffmangel 87, 88
Sauerstoffüberschuss
 87
Säugetiere 97
Säurebindungsvermögen
 11
Sbirolinoruten 108
Schadstoffeintrag 17
Schallgeschwindigkeit
 157
Scheibenform 22
Schilfgürtel 15
Schlagschnur 117, 169
Schlammfliegen 79
Schlammpeitzger 28,
 52, 211
Schlangenform 22
Schleie 39, 41, 47, 48,
 63, 93, 176, 211, 212

Sachwortverzeichnis 223

Schleppfischen 155
Schlepprolle 155
Schlundzähne 30
Schmerle 52, 211, 212
Schmerzen 35
Schnecken 79
Schneider 52, 53, 211
Schnurklassen 159, 214
Schnurverbindungen 198
Scholle 193, 195, 197, 213
Schonmaß 205
Schonzeiten 205
Schrätzer 49, 50, 52, 73
Schuppen 26
Schuppenkarpfen 74
Schusskopf 160, 214
Schussleine 160
Schwanzflosse 24, 25
Schwarmfische 73
Schwarzbarsch 45, 55, 71
Schwarzpappel 105
Schwertfisch 186
Schwimmblase 28, 29, 31
Schwimmblasen-entzündung (SBE) 86
Schwimmblattpflanzen 15, 20
Schwimmschnur 163
Schwingspitze 144
See, Sommerstadium 14
Seeforelle 39, 48, 58, 64, 211
Seelachs 213
Seeringelwurm 196
Seerosengürtel 15
Seesaibling 44, 48, 55, 58, 59, 63, 69, 211, 213
Segelpose 154
Sehbereich 34
Seitenlinie 33
Selbstreinigung 17, 90
selbstständiger Fischereibetrieb 207
Semi-Fixed Bolt-Rig 142
Shooting Taper 160
Signalkrebs 75
Silberkarpfen 55, 70, 211
Silberweide 105
Sink-Tip 160
Sinnesorgane 32
Smolt 66, 68

Sommerlaicher 35, 41
Spaltschrot 136
Spiegelkarpfen 74
Spinner 148
Spinner Bait 150
Spinnfischen 122
Spinnruten 108
Spirolino 169
Spitzenaktion 107, 161
Spulenknoten 198
Stahlseide 200
Stahlvorfach 147
Standplätze 170, 175
Stationärrolle 109, 110, 121
Steinbeißer 52, 211, 213
Steinbutt 195, 213
Steinfliegen 78, 79
Steinkrebs 75
Stellfisch-Montagen 154
Sterlet 43, 73
Stichling 40, 52, 213
Stickbait 150
Stillgewässer 13
Stint 48, 58
Stippangel 137, 155
Stipprute 108, 137, 138
Stör 42, 43, 73, 213
Störartige 43
Stranden 180
Streamer 151, 163, 164, 165, 169
Streber 49, 50, 52, 73
Strömer 52, 53
Strukturen 89
Stuckirolle 155
Sumpfkrebs 75
Süßmais 128
Swinger und Kletteraffe 144

Tagesgrade 41
Tauwurm 127
Teichmolch 102
Teichwirtschaft 82
Teig 131
Teighaken 120
Tellerblei 140
Temperatur 214
Testkurve 109, 214
Thunfisch 186, 187
Tierfutter 129
Tiergesundheitsdienste 82
Tierische Köder 127
Tierkörperbeseitigungs-gesetz 206
Tierseuchengesetz 206
Tigerfisch 54

Tigerforelle 54
Tigernuss 128
Tintenfisch 196
Tolstolob 55
Torpedoform 22
Torpille 133
tote Köderfische 153
Triangle Taper 159, 160
Triggerruten 108
Trilobe 141
Trockenfliege 163, 164, 165
Trolling 150, 155, 156
Trommelsucht 29
Trüsche 39, 60
Tungsten 160
Twister 149

Überkopfwurf 162
Überwasserpflanzen 19
Uferbäume 105
Uferbetretungsrecht 204
Uferzone †15
Ukelei 52, 211, 213
Ulcerative Dermalnekrose (UND) 83
Umweltgefahren 80
unpaarig 24
Unterschlagung 207
Unterständig 23
Unterwasserpflanzen 15, 20
Unterwasserpose 154
Urkundenfälschung 207

Vegetations-Zonen 15
Verdauung 30
Verlandung 15
Verpilzung 95
Vögel 99
Vorfach 146, 163
Vorfach, Fliegen- 215
Vorfachspitze 163
Vorstülpbar 23

Wachstumsgeschwin-digkeit 42
Waggler 132, 134, 139
Wallergriff 180
Wanderfische 36
Wandersaibling 39, 59, 211
Wasser 9

Wasserfrosch 100
Wasserhaushaltsgesetz 206
Wasserkugel 139
Wasserpflanzen 19
Wasserschimmel 85
Wasserspitzmaus 97
Wassertemperatur 8, 9, 80
Wasserverteilung 8
Wasserwirtschaftsamt 90
Wasserzirkulation 14
Wattwurm 196
Wehranlage 91
Wehrgumpen 173
Weichstrahlen 24
Weide 104
Weight Forward 159, 160
Weiher 14
Weißer Amur 55, 69
Weißfische 42
Weizen 128
Wels 39, 42, 47, 50, 60, 72, 93, 153, 177, 211
Welsartige 50
Widerhaken 121
Wildkarpfen 74
Winkel-Picker 107
Winterlaicher 35, 41
Wirbel 200
Wittling 213
Wobbler 149, 150
Wolfsbarsch 191, 193, 196, 213
Würfelnatter 102
Wurm 131
Wurmhaken 120

Zährte 38, 39, 48, 63, 72, 73, 211
Zander 39, 40, 42, 45, 48, 59, 72, 93, 122, 153, 169, 178, 211, 213
Zeilkarpfen 74
Zingel 49, 50, 73
Zitterpappel 105
Zitterspitze 144, 145
Zobel 48, 50, 63, 70, 73, 211
Zope 39, 48, 63, 70, 73, 211
Zuckmücke 79, 165
Zweiflügler 78, 79
Zweihand-Ruten 162
Zwergwels 72

Für die Angelpraxis

Hans Eiber
Das ist Fliegen-fischen
Das Know-how für die Praxis: Ausrüstung, erfolgreiche Wurftechniken, Insektenkunde, klassische und moderne Anbietemethoden, die Standplätze der Fische, Fliegenmuster usw.; mit Tipps und Tricks aus der Praxis erfahrener Fliegenfischer.

John Bailey
Das neue Praxis-Handbuch Angeln
Erfolgreich fangen an Bach, Fluss, See
Das große Handbuch für die Angelpraxis mit über 700 farbigen Abbildungen: der Fang von Raub- und Friedfischen, das Angeln mit Kunst- und Naturködern, umfassende Porträts der einzelnen Fischarten – mit Angelmethoden, Ausrüstung und Zubehör.

Wolfgang Schulte / Hans Eiber
Fliegenfischen in aller Welt
Spannende Erlebnisberichte mit brillanten Farbfotos, fundierte Informationen zu Ausrüstung, Taktik, probate Erfolgsfliegen, Praxistipps zur Reiseplanung, Fliegenmuster und ihre Anwendungsbereiche.

Peter Owen
Angelknoten-Fibel für unterwegs
An jedem Gewässer immer dabei – die Knoten-Fibel im handlichen Westentaschenformat mit präzisen Bindeanleitungen in Schritt-für-Schritt-Zeichnungen.

Ekkehard Wiederholz
Die 150 besten Anglertricks
Aus der Trickkiste erfolgreicher Angler: bewährte Praxistipps für Geräte und Zubehör, Köder, Fangtechniken und Verhalten am Wasser.

Alexander Kölbing
Fischerprüfung leicht gemacht
Der bewährte Ratgeber für die Prüfungsvorbereitung – komplett aktualisiert und mit neuem, übersichtlichem Layout: Fischkunde, Fischgewässer, Angeltechnik, Tier- und Naturschutz, Rechtsvorschriften für alle Bundesländer, Prüfungsfragen und Antworten.

Im BLV Verlag finden Sie Bücher zu den Themen: Garten und Zimmerpflanzen • Natur • Heimtiere • Jagd und Angeln • Pferde und Reiten • Sport und Fitness • Wandern und Alpinismus • Essen und Trinken

Ausführliche Informationen erhalten Sie bei:
BLV Verlagsgesellschaft mbH • Postfach 40 03 20 • 80703 München
Tel. 089 / 127 05-0 • Fax 089 / 127 05-543 • http://www.blv.de